Einstern

Mathematik für Grundschulkinder

3

Themenheft 6

- Größenbereich Länge
- Geometrie Teil 3 – Körper
- Daten, Häufigkeit, Wahrscheinlichkeit

Erarbeitet von Roland Bauer und Jutta Maurach

In Zusammenarbeit mit der
Cornelsen Redaktion Grundschule

Cornelsen

Einstern 3

Mathematik für Grundschulkinder
Themenheft 6

Größenbereich Länge

Geometrie Teil 3 – Körper

Daten, Häufigkeit,
Wahrscheinlichkeit

Erarbeitet von: Roland Bauer, Jutta Maurach

Fachliche Beratung: Prof'in Dr. Silvia Wessolowski

Fachliche Beratung exekutive Funktionen: Dr. Sabine Kubesch, INSTITUT BILDUNG plus, im Auftrag des ZNL TransferZentrum für Neurowissenschaften und Lernen, Ulm

Redaktion: Friederike Thomas, Peter Groß, Uwe Kugenbuch

Illustration: Yo Rühmer

Umschlaggestaltung: Cornelia Gründer, agentur corngreen, Leipzig

Layout und technische Umsetzung: lernsatz.de

fex

fex steht für *Förderung exekutiver Funktionen*. Hierbei werden neueste Erkenntnisse der kognitiven Neurowissenschaft zum spielerischen Training exekutiver Funktionen für die Praxis nutzbar gemacht. **fex** wurde vom **ZNL TransferZentrum für Neurowissenschaften und Lernen** *(www.znl-ulm.de)* an der Universität Ulm gemeinsam mit der **Wehrfritz GmbH** *(www.wehrfritz.com)* ins Leben gerufen. Der Cornelsen Verlag hat in Kooperation mit dem ZNL ein Konzept für die Förderung exekutiver Funktionen im Unterrichtswerk *Einstern* entwickelt.

Bildnachweis

12.1–6 Viola Beyer **19.A** Jean Vaillancourt/Coulorbox.com **19.B** Shutterstock/Songquan Deng **19.C** Shutterstock/junyyeung **19.D** Shutterstock/Giancarlo Liguori **19.E** Fotolia/©Manuel Schönfeld #94520556 **19.F** Shutterstock/Ralf Siemieniec **27.A** Shutterstock/photobank.ch **27.B** Shutterstock/elenaburn **27.C** Shutterstock/Graham R Prentice **27.D** Shutterstock/Irina Afonskaya **27.E** Shutterstock/WitR **38** Profilfoto Marek Lange, Berlin

www.cornelsen.de

1. Auflage, 4. Druck 2023

Alle Drucke dieser Auflage sind inhaltlich unverändert
und können im Unterricht nebeneinander verwendet werden.

Druck: Athesiadruck GmbH

ISBN 978-3-06-083696-3
ISBN 978-3-06-084230-8 (E-Book: alle Themenhefte 3)

PEFC-zertifiziert
Dieses Produkt stammt aus nachhaltig bewirtschafteten Wäldern
PEFC
PEFC/18-31-166
www.pefc.de

Inhaltsverzeichnis

90 cm
Aus meinem Würfel baue ich ein Haus.
Ich baue die Schule.
Das wird ein Dach.
In diesem Heft werden wir schätzen, messen, bauen und zeichnen.
25 m

Längenangaben finden und verstehen

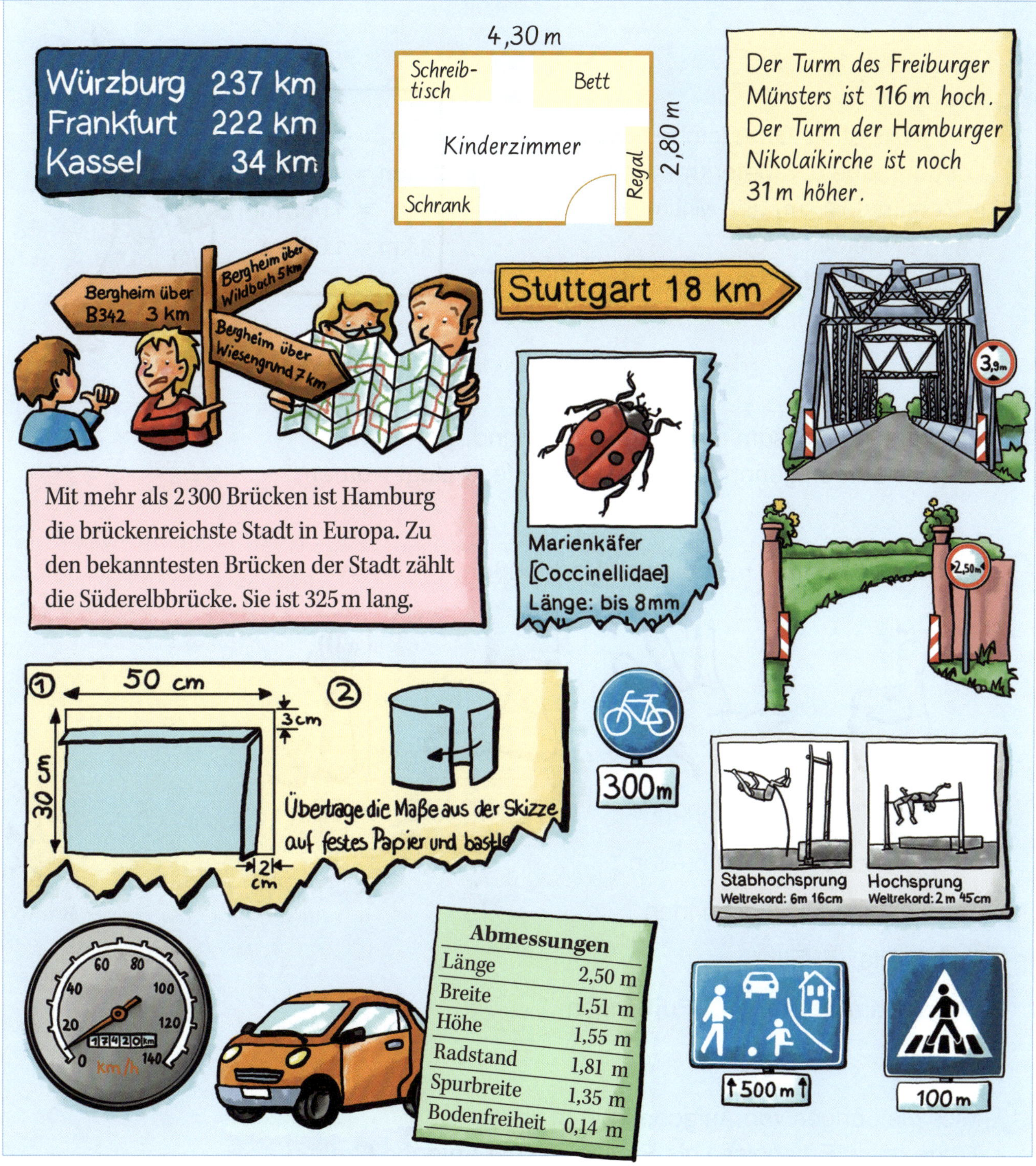

1 Besprich mit einem anderen Kind, was die Zahlenangaben und Abkürzungen bedeuten.

2 Längenangaben suchen

a) Suche in deiner Umgebung, in Zeitungen und Prospekten weitere Abbildungen mit Längenangaben.

b) Zeichne oder klebe diese Bilder in dein Heft.

⋆ entnehmen Informationen und unterscheiden zwischen relevanten und nicht relevanten Informationen
⋆ geben Problemstellungen in eigenen Worten wieder
⋆ stellen Vermutungen über mathematische Zusammenhänge an

Längenmaße verstehen

Seit 1875 ist die Grundeinheit unserer Längenmaße der Meter (m). Er wird in Zentimeter (cm) und Millimeter (mm) eingeteilt.
Eintausend Meter ergeben einen Kilometer (1 km).

1 Überlege gemeinsam mit einem Partnerkind, warum vor fast 150 Jahren genormte Maßeinheiten festgelegt wurden.

2 Miss einige Längen mit deinen Körpermaßen:

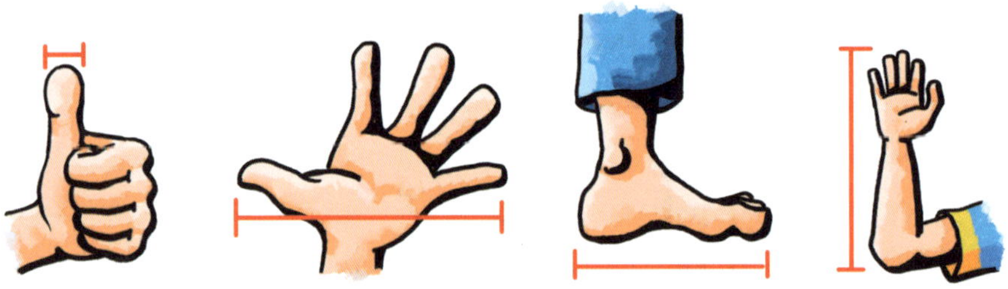
Daumenbreite Handspanne Fuß Elle

a) Tischbreite: ▢ Daumenbreiten
b) Tischlänge: ▢ Handspannen
c) Tafelbreite: ▢ Ellen
d) Klassenzimmerbreite: ▢ Fußlängen

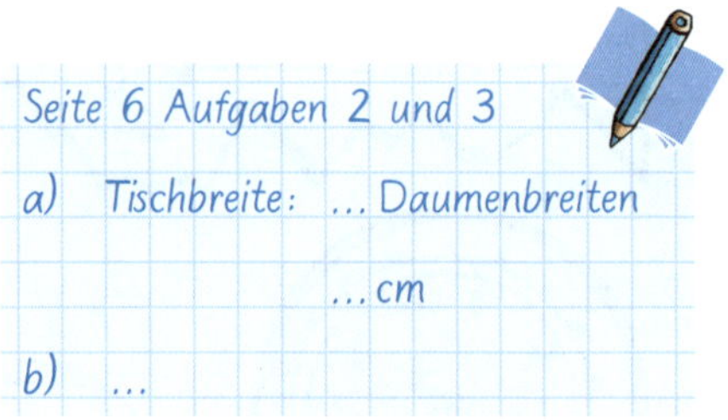

3 Miss die Längen von Aufgabe 2 in m und cm.
Trage deine Ergebnisse als Ergänzung bei Aufgabe 2 ein.

4 Besprich deine Ergebnisse in den Aufgaben 2 und 3 mit einem Partnerkind.
a) Was stellt ihr fest?
b) Begründet, warum genormte Maßeinheiten notwendig sind.

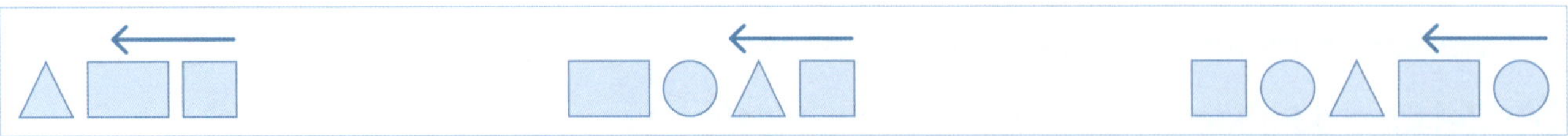

* messen Längen in Körpermaßen und in Metern und Zentimetern
* stellen Vermutungen über Zusammenhänge und Auffälligkeiten an
* erklären Beziehungen und Gesetzmäßigkeiten an Beispielen und vollziehen Begründungen anderer nach

Ein Balkendiagramm bei Längenvergleichen nutzen

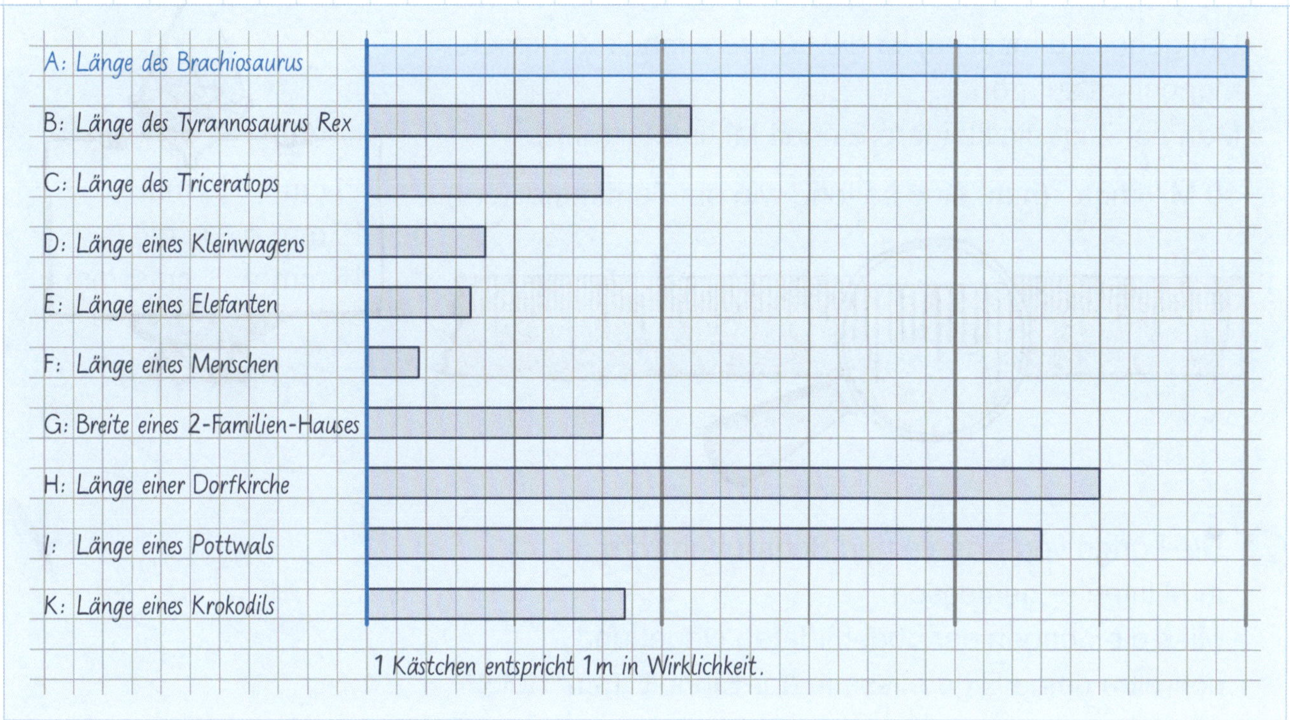

1 Häufig werden Längenangaben in Balkendiagrammen dargestellt.

a) Lies die Längen ab und notiere die Angaben im Heft.

b) Vergleiche die Längen. Verwende „ist kürzer als" und „ist länger als". Schreibe mindestens vier Vergleiche auf.

Seite 7 Aufgabe 1
a) A: 30 m b) ...
B: ...
⋮

2 Suche Informationen zur Körperlänge oder Sprungweite von Tieren.

a) Liste deine gefundenen Daten auf und stelle sie in einem Diagramm dar. Wähle eine sinnvolle Einheit (1 cm entspricht 1 m in Wirklichkeit oder 1 Kästchen entspricht 1 m in Wirklichkeit oder ...).

b) Schreibe mindestens vier Vergleiche für Körperlängen oder Sprungweiten von Tieren auf.

Seite 7 Aufgabe 2
a) ...

3 Du kannst auch andere Informationen in ein Balkendiagramm übertragen.

Zum Beispiel: Länge von Gebäuden,
Länge von Fahrzeugen,
Länge von Brücken ...

Seite 7 Aufgabe 3
...

4 Stelle deine Diagramme aus den Aufgaben 2 und 3 einem anderen Kind vor.

* entnehmen Diagrammen Daten und ziehen sie zur Beantwortung mathematischer Fragen heran
* sammeln Daten aus der Lebenswirklichkeit und stellen sie in Diagrammen dar
* vergleichen Längenangaben

Die Maßeinheit Millimeter kennenlernen

Um genau zu messen, ist die Längeneinheit Zentimeter manchmal zu groß.
Man benötigt die kleinere Einheit Millimeter (mm).

10 Millimeter (mm) sind so lang wie ein Zentimeter (cm).

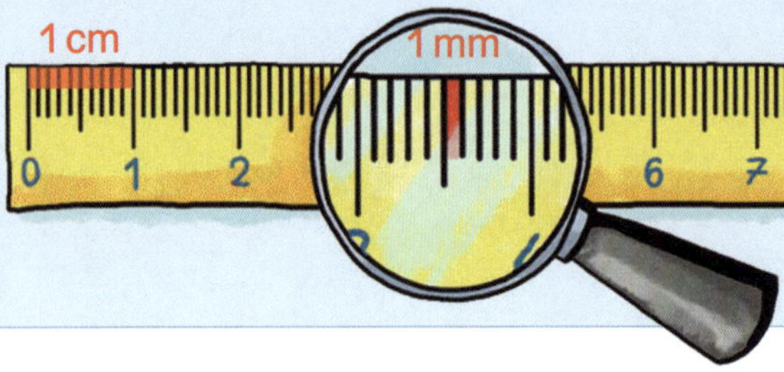

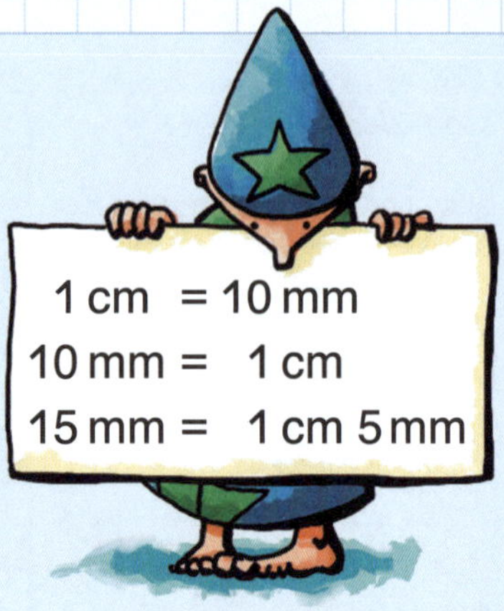

1 Die Länge von Nägeln und Schrauben wird in Millimeter gemessen.
Miss die Längen der abgebildeten Nägel und schreibe deine Ergebnisse in der Einheit „mm“ auf.

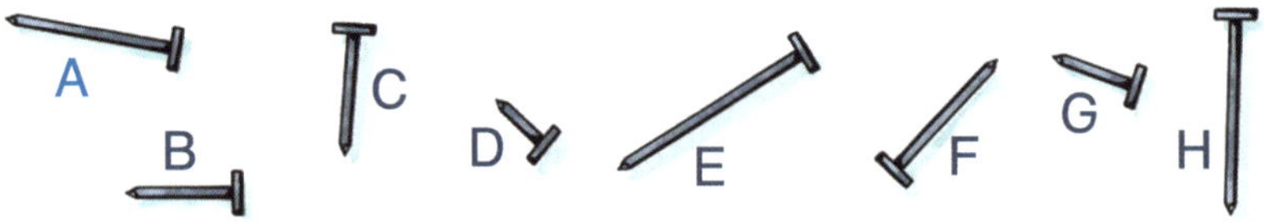

Seite 8 Aufgabe 1

A: … mm   B: …

2 Miss die Körperlänge folgender, in Originalgröße abgebildeter, Tiere. Notiere deine Ergebnisse.
Zeichne die Längen der Tiere in dein Heft.

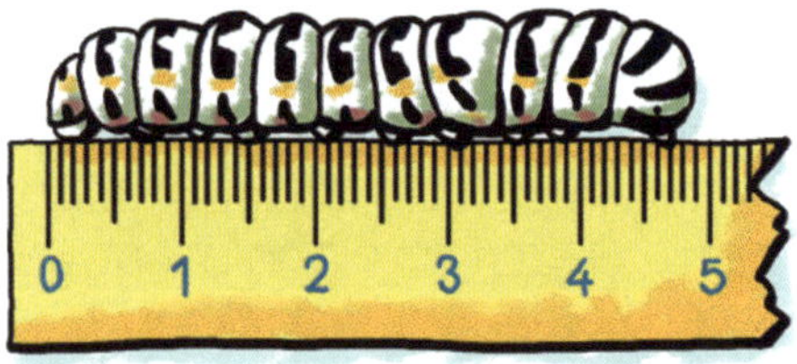

Raupe des Schwalbenschwanzes

Raupe des Kleinen Fuchses

Seite 8 Aufgabe 2

Raupe des Schwalbenschwanzes:

49 mm = 4 cm 9 mm

Raupe des Kleinen Fuchses: …

⋮

Libelle

Wespe

Feldgrille

Hirschkäfer

Marienkäfer

Blattlaus

Waldameise

Maikäfer

Tausendfüßler

* messen und zeichnen Längen mit geeigneten Messgeräten
* verwenden die Abkürzungen der Längeneinheiten cm und mm

In Zentimeter und Millimeter messen und zeichnen

1 Schätze zuerst die Längen der Strecken.
Miss dann mit dem Lineal genau nach.
Notiere deine Ergebnisse in einer Tabelle.

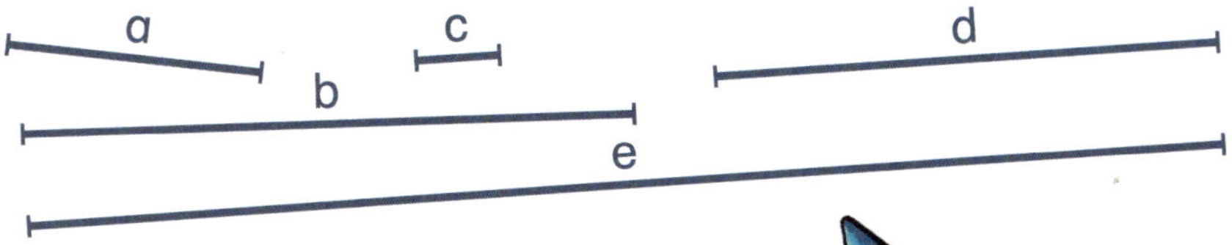

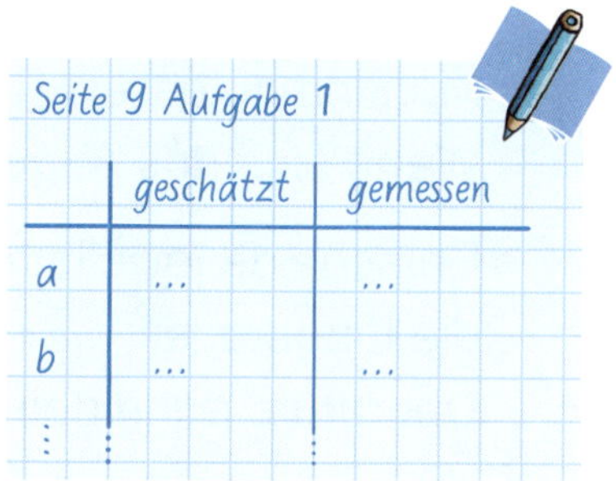

2 Miss die Längen der Nägel und zeichne die entsprechenden Strecken in dein Heft.
Gib die Länge in mm sowie in cm und mm an.

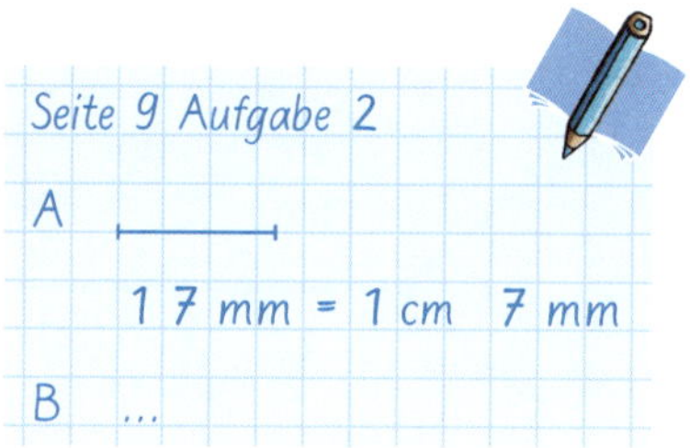

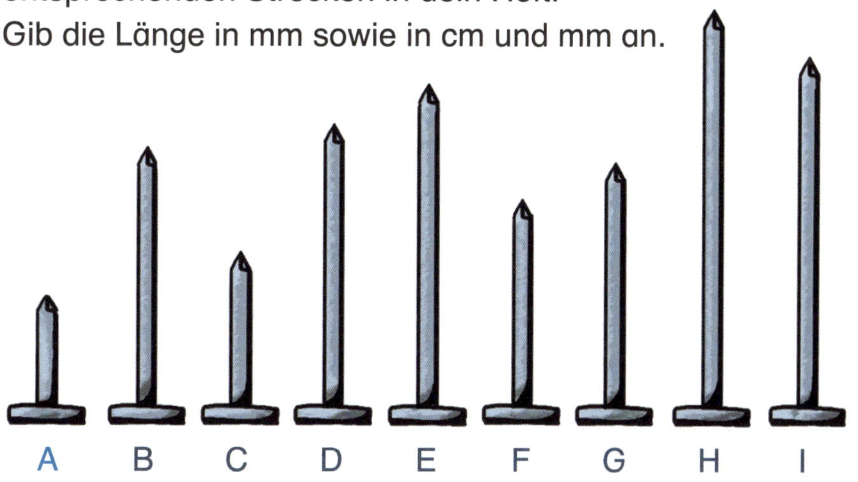

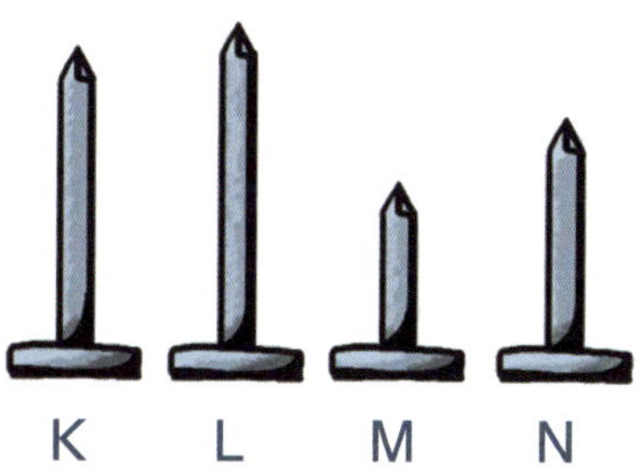

3 Übertrage die Figuren genau in dein Heft.

a) Miss die Seitenlängen. Schreibe deine Ergebnisse an jede der verschiedenen Strecken.

b) Bei welchen Strecken wusstest du die Länge, ohne zu messen? Erkläre einem anderen Kind, warum.

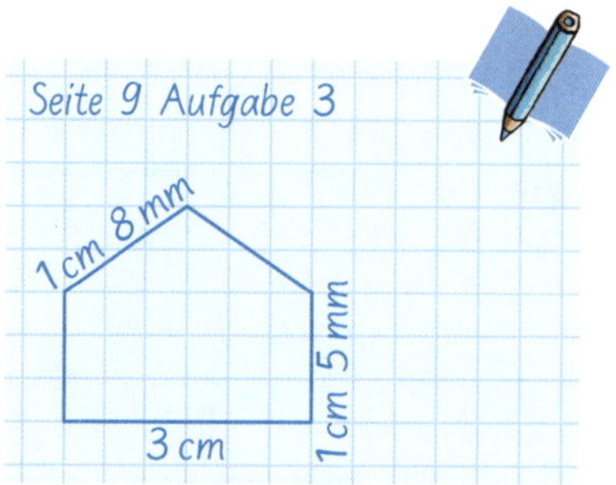

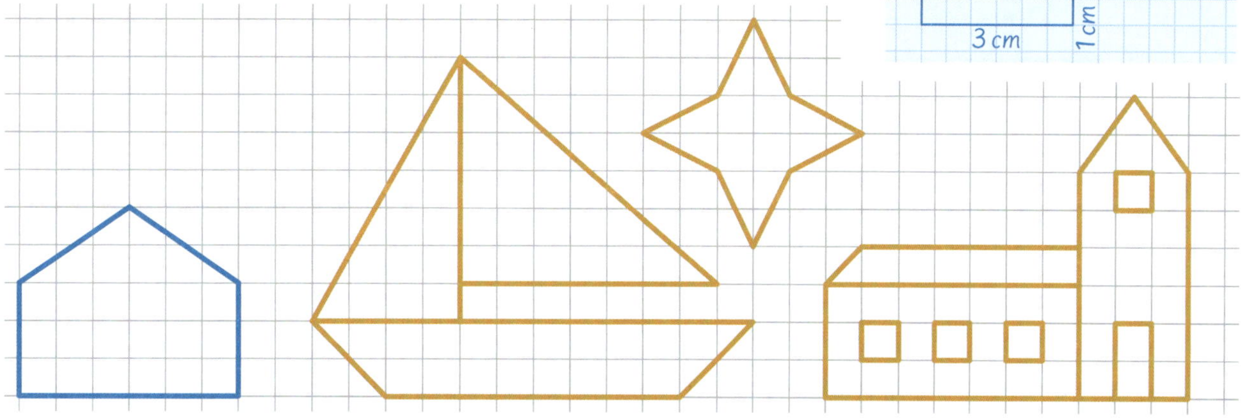

1 Manchmal lassen sich unsere Sinne täuschen.
Wenn sich das Auge täuschen lässt, nennt man das „optische Täuschung“.

Entscheide jeweils, ohne zu messen, welche der beiden Strecken (1) oder (2) die längere ist.
Überprüfe dann deine Vermutung durch genaues Messen mit dem Lineal.

a)

b)
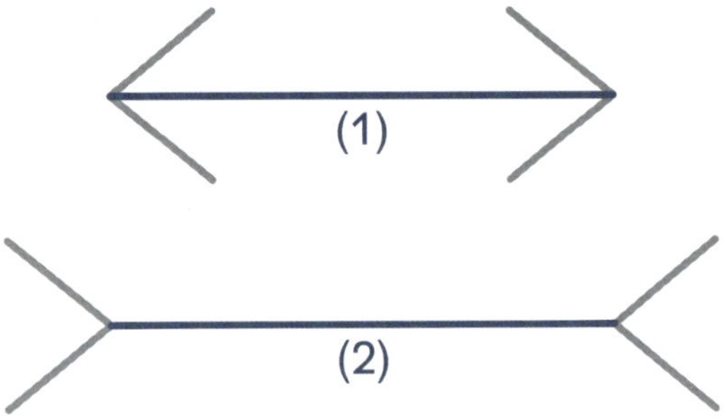

c)
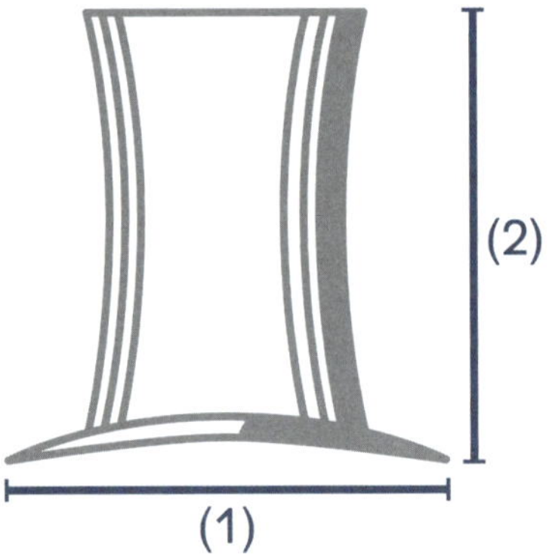

d)
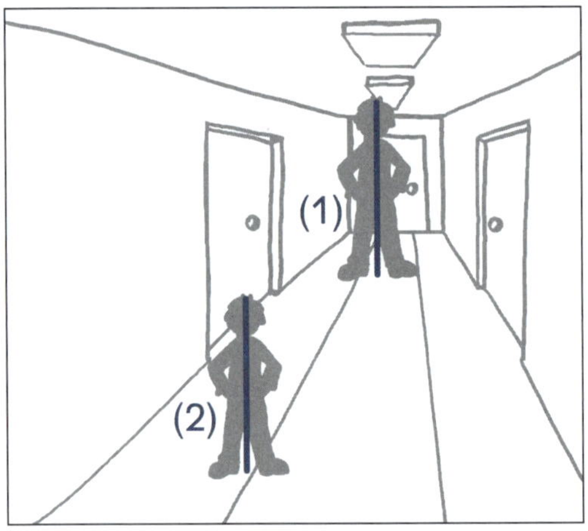

e)
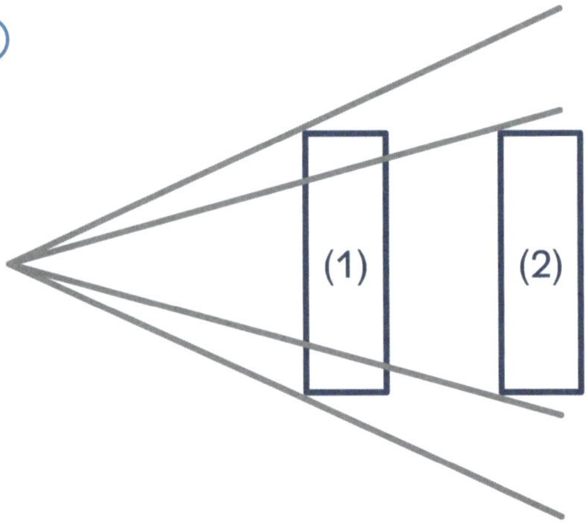

f)
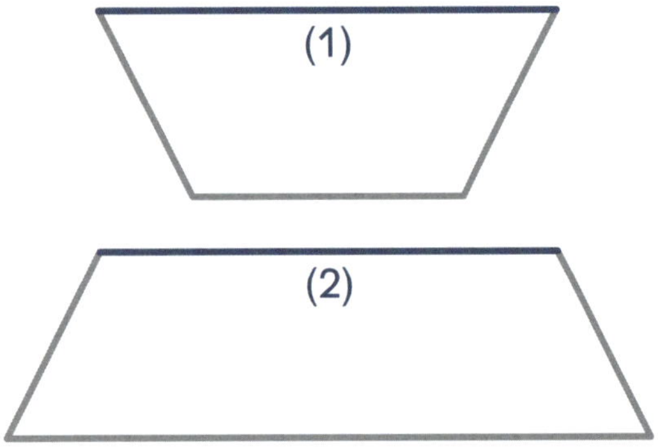

g)
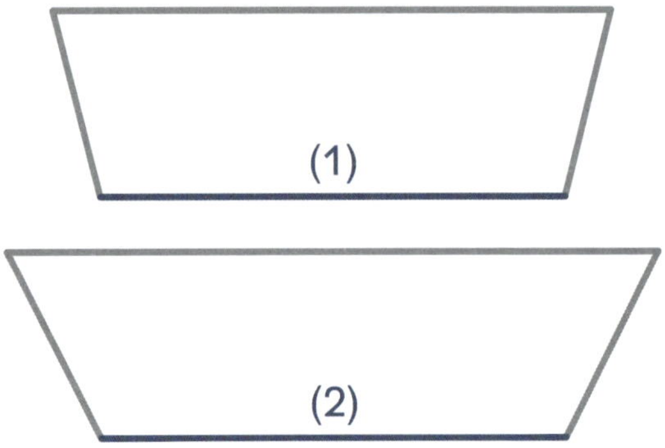

2 Besprich deine Erfahrungen mit einem anderen Kind.
Woran liegt es, dass ihr euch immer wieder getäuscht habt?

* stellen Vermutungen über Auffälligkeiten an, hinterfragen und überprüfen diese
* messen Längen mit standardisierten Maßeinheiten
* vollziehen Begründungen anderer nach

1 Probiere, folgende Strecken ohne Lineal oder Geodreieck auf ein weißes Blatt zu zeichnen. Ein Holzstab hilft dir, gerade Linien zu zeichnen.

a) 7 cm b) 2 cm c) 8 mm
d) 10 cm e) 18 cm f) 24 cm

Kontrolliere anschließend mit dem Lineal. Schreibe die tatsächlichen Längen deiner Strecken mit einem roten Stift dazu.

2 Finde ohne zu messen, immer jeweils zwei Gegenstände, die die folgenden Bedingungen erfüllen:

a) kürzer als 1 cm
b) genau 1 cm lang
c) zwischen 10 cm und 12 cm lang
d) zwischen 20 cm und 30 cm lang

Miss dann genau nach und schreibe deine Ergebnisse ins Heft. Hast du richtig geschätzt?

3 Das Deutsche Institut für Normung (DIN) legt seit 1922 Papierformate fest. Die bekannteste Norm für Papier ist die DIN-A-Norm.

Format	Länge	Breite
DIN A0	1 189 mm	841 mm
DIN A1	841 mm	594 mm
DIN A2	594 mm	420 mm
DIN A3	420 mm	297 mm

Format	Länge	Breite
DIN A4	297 mm	210 mm
DIN A5	210 mm	148 mm
DIN A6	148 mm	105 mm

a) Miss jeweils die Länge und Breite:
Einstern-Heft, Postkarte, großes Schulheft, kleines Heft, Zeichenblock
Trage die Messwerte in eine Tabelle ein und bestimme das DIN-Format.

b) Vergleiche die Größen der DIN-A-Formate in der Tabelle oben. Was fällt dir auf?
Besprich deine Ergebnisse mit einem anderen Kind.

c) Versucht, verschiedene DIN-Formate durch Falten herzustellen.

1 Damit man kleine Tiere genauer betrachten kann, werden sie in Sachbüchern oder Lexika oft vergrößert abgebildet.

Borkenkäfer
5-fach vergrößert

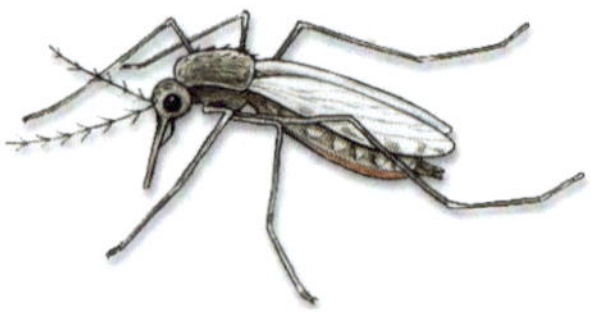
Stechmücke
5-fach vergrößert

Marienkäfer
3-fach vergrößert

Feuerkäfer
2-fach vergrößert

Biene
2-fach vergrößert

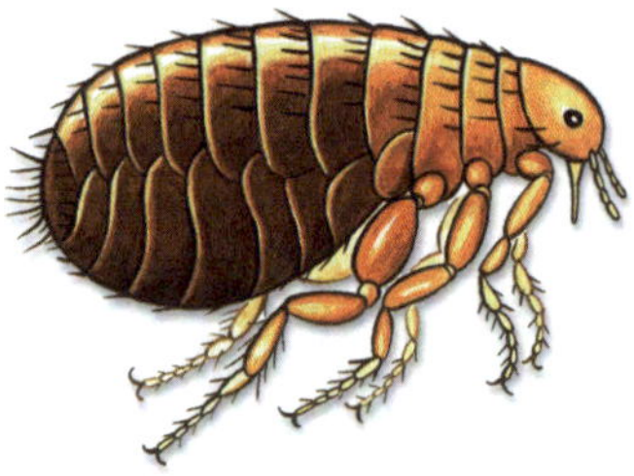
Menschenfloh
20-fach vergrößert

a) Miss die Länge der Insekten vom Kopf bis zum Körperende.

b) Berechne, wie lang diese Insekten ungefähr in Wirklichkeit sind.

Seite 12 Aufgabe 1
Borkenkäfer:
a) Zeichnung: 25 mm
b) in Wirklichkeit: etwa 5 mm

2

So viel wachsen Nägel und Haare ungefähr in einem Monat:	Kopfhaare: 10 mm	Fingernagel: 3 mm
	Augenbrauen: 5 mm	Zehennagel: 1 mm

Berechne das Haar- und Nagelwachstum für folgende Zeitabschnitte. Zeichne zu deinem Ergebnis eine Strecke in entsprechender Länge.

a) in 8 Wochen
b) in einem Vierteljahr
c) in einem halben Jahr
d) in einem Jahr

Seite 12 Aufgabe 2
Kopfhaare: a) 20 mm ______
b) ...
⋮
Augenbrauen: a) ...
⋮

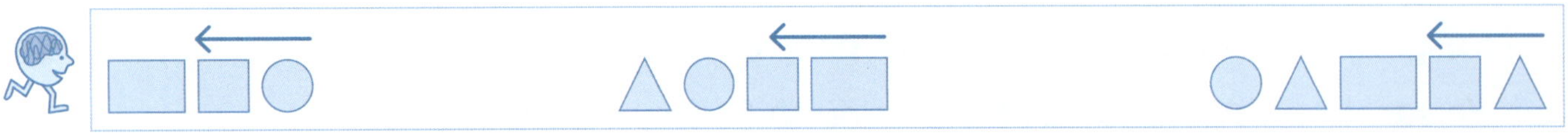

* beschreiben den Zusammenhang zwischen Längen in der Realität und entsprechenden Längen in Skizzen
* rechnen mit Längenangaben
* nutzen grundlegende Vorstellungen maßstäblichen Vergrößerns und Verkleinerns, um sich in der Wirklichkeit zu orientieren

Längenangaben mit Komma schreiben

1 Die Kinder erzielten beim Weitsprung folgende Ergebnisse:

	m	10 cm	1 cm
Mai-Lin	2	9	8
Patrick	2	9	5
Ole	3	0	7
Lea	3	4	4
Sofie	0	9	5

Lies die Ergebnisse in der Tabelle ab. Notiere sie auf drei verschiedene Arten.

Seite 13 Aufgabe 1
Mai-Lin:
2 m 9 8 cm = 2,9 8 m = 2 9 8 cm
⋮

Das Komma trennt m und cm.
2 m 98 cm = 2,98 m
3 m 5 cm = 3,05 m

2 Wandle die Längenangaben um.

a) Wandle um in cm.
1,35 m; 3 m 45 cm; 5,08 m; 0,87 m; 6 m 4 cm

b) Wandle um in m. Schreibe mit Komma.
487 cm; 92 cm; 307 cm; 6 m 37 cm; 5 cm

Seite 13 Aufgabe 2
a) 1,3 5 m = 1 3 5 cm
⋮
b) 4 8 7 cm = 4,8 7 m
⋮

3 Mit dem Komma kann man auch cm und mm trennen:
37 mm = 3 cm 7 mm = 3,7 cm   0,5 cm = 0 cm 5 mm = 5 mm

a) Wandle um in cm. Schreibe mit Komma.
54 mm; 7 mm; 3 cm 5 mm; 100 mm; 210 mm

b) Wandle um in mm.
3 cm 8 mm; 7,6 cm; 0,9 cm; 13,0 cm; 0,1 cm

Seite 13 Aufgabe 3
a) 5 4 mm = 5,4 cm
⋮
b) 3 cm 8 mm = 3 8 mm
⋮

* zerlegen Einheiten innerhalb eines Größenbereichs, wandeln Einheiten um und notieren die Maßeinheiten mit dem im Alltag üblichen Komma
* entnehmen einer Tabelle relevante Informationen

→ Ü Seite 49

Weltrekorde in der Leichtathletik betrachten und vergleichen

Hochsprung*

Frauen					Männer				
Jahr	1932	1954	1987	…	Jahr	1912	1953	1993	…
Höhe	1,65 m	1,73 m	2,09 m	… m	Höhe	2,00 m	2,12 m	2,45 m	… m

Weitsprung*

Frauen					Männer				
Jahr	1913	1956	1988	…	Jahr	1900	1960	1991	…
Weite	5,00 m	6,35 m	7,52 m	… m	Höhe	7,50 m	8,21 m	8,95 m	… m

Kugelstoßen*

Frauen					Männer				
Jahr	1924	1956	1987	…	Jahr	1909	1950	1990	…
Weite	10,15 m	16,76 m	22,63 m	… m	Höhe	15,54 m	17,95 m	23,12 m	… m

Ergebnisse der Bundesjugendspiele 2016

	Lena	Tim	Ole	Lea	Sofie
Weitsprung	2,98 m	2,95 m	3,17 m	3,42 m	3,05 m
Hochsprung	1,12 m	1,22 m	1,35 m	1,19 m	1,05 m

1. Betrachte die Tabellen. Besprich mit einem anderen Kind, was du alles ablesen und feststellen kannst.

2. Betrachtet die Weltrekordergebnisse an einem ausgelegten Maßband.

3. Vergleiche die Weltrekordergebnisse mit deinen eigenen Ergebnissen oder mit denen von Lena, Tim, Ole …
   Schreibe deine Vergleiche auf.
   Benutze dazu Formulierungen wie
   … weiter als …, … ungefähr dreimal so weit wie …,
   … weniger weit …, … höher als …, …

   Seite 14 Aufgabe 3
   …

4. Finde heraus, ob es inzwischen neue Weltrekorde gibt. Du kannst in verschiedenen Lexika oder im Internet nachschauen.

   Seite 14 Aufgabe 4
   …

* Die Angaben in der zweiten und vorletzten Spalte beziehen sich jeweils auf die ersten und letzten gemessenen Rekorde bis zum Jahr 2015.

⋆ entnehmen relevante Informationen zu Längen aus Tabellen
⋆ vergleichen und ordnen Längenangaben

Die Maßeinheit Kilometer kennenlernen

Große Entfernungen misst man in Kilometer (km).

Um 1 km zu Fuß zurückzulegen, benötigst du ungefähr 15 Minuten. Das sind etwa 2000 Kinderschritte.
Um 1 km mit dem Fahrrad zu fahren, benötigst du ungefähr vier Minuten.

1 km ist etwa 10-mal so lang wie ein Fußballfeld.
1 km ist so lang wie 40 Bahnen im Schwimmbad.

1

Beantworte folgende Fragen:

a) Wie lang ist der gesamte Wanderweg vom Parkplatz bis zur Grillhütte?

b) Wo steht folgender Wegweiser?

c) Auf halbem Weg zwischen Biotop und Berghotel steht eine Bank. Wie weit ist sie vom Spielplatz entfernt?

d) Welche ist die kürzeste Teilstrecke des Wanderweges?

Seite 15 Aufgabe 1
a) Der gesamte Wanderweg vom Parkplatz …
b) …

2 Schreibe weitere Fragen auf und bitte ein anderes Kind, diese mithilfe des Wanderplans zu beantworten.

Seite 15 Aufgabe 2
…

3 Schätze gemeinsam mit einem anderen Kind, wie viele Schritte ihr jeweils insgesamt in einer Woche geht. Macht Notizen und vergleicht eure Überlegungen und Ergebnisse mit denen anderer Kinder.

4 Bestimme mit etwa 2000 Schritten einen Kilometer.
Wähle dazu eine geeignete Situation aus, zum Beispiel einen Spaziergang, eine Wanderung, deinen Schulweg oder einen Aufenthalt auf dem Sportplatz.
Um die Länge eines Kilometers genau zu bestimmen, könntest du einen Meterzähler, ein langes Maßband oder den Kilometerzähler an einem Fahrrad nutzen.

* verwenden die Längeneinheit km und setzen sie in Bezug zu bereits bekannten Längenangaben
* orientieren sich auf einem Wegeplan
* entnehmen einer Wanderkarte relevante Informationen und formulieren dazu mathematische Fragestellungen

→ Ü Seite 50

Längenangaben und Maßeinheiten passend zuordnen

1 Ordne jeweils die passende Längenangabe zu:

a) Höhe einer großen Eiche | 2 m | 20 m | 200 m

b) Länge des Fußballplatzes | 1 m | 10 m | 100 m

c) Größe eines Erwachsenen | 1,20 m | 1,80 m | 2,40 m

d) Strecke nach 8 Minuten Fahrrad fahren | 25 km | 2 km | 800 m

e) Länge deines Fußes | 10 cm | 20 cm | 40 cm

f) Höhe eines dreigeschossigen Hauses | 2 m | 5 m | 10 m

g) Länge des größten Passagierflugzeugs | 70 m | 200 m | 700 m

Seite 16 Aufgabe 1
a) 20 m b) ...

2 Sammle Längenangaben von verschiedenen Gegenständen und gestalte Karten für ein Quiz-Spiel. Du kannst selbst Gegenstände messen, in einem Lexikon Längenangaben suchen oder hier im Buch nachschauen. Spiele zusammen mit anderen Kindern.

3 Setze die Maßeinheiten km, m, cm und mm passend ein.

a) Länge des Füllers: 13 ▭

b) Breite des Radiergummis: 19 ▭

c) Länge eines Streichholzes: 43 ▭

d) Länge eines DIN-A4-Blattes: 29,7 ▭

e) Weltrekord im Weitsprung: 8,95 ▭

f) Strecke zu Fuß in einer Stunde: 4 ▭

g) Länge einer Ameise: 4 ▭

h) Länge des Schwimmbeckens: 25 ▭

i) Meine Schrittlänge: 80 ▭

k) Strecke von München nach Hamburg: 800 ▭

Seite 16 Aufgabe 3
a) 13 cm b) ...

4 Ordne die Beispiele folgenden Längenangaben zu:

a) 1 mm
b) 1 cm
c) 1 m
d) 100 m
e) 1 km

A Daumenbreite
B Bleistiftspitze
C Strecke in 15 Minuten zu Fuß
D Tafellineal
E 10 Papierblätter übereinander
F Stecknadelkopf
G Länge des Fußballplatzes
H 4 Bahnen im Schwimmbad
I 1 250 Schritte
K Größe eines 4-jährigen Kindes

Seite 16 Aufgabe 4
a) F, ... b) ...

* geben Längen vertrauter Objekte an und nutzen sie als Bezugsgrößen
* verwenden die Abkürzungen der Längeneinheiten mm, cm, m und km passend
* erfinden Aufgaben und Fragestellungen und gestalten damit ein Spiel

→ Ü Seite 51

Längenangaben in andere Einheiten umwandeln

1 Wandle die Längenangaben in die angegebene Einheit um.

a) in cm: 4 m 63 cm; 2,45 m; 70 mm; 1 m 5 cm; 10 m; 235 mm

b) in m: 347 cm; 1 km; 1 m 45 cm; 825 cm; 75 cm; 1 cm

c) in mm: 3 cm 2 mm; 6,3 cm; 17 cm; 2 cm; 4,3 cm; 8,9 cm

Seite 17 Aufgabe 1
a) 4 6 3 cm; … b) …

2 Ergänze.

a) Wie viel m fehlen bis zu 1 km?
875 m; 360 m; 50,5 m; 995 m; 105 m

b) Wie viel cm fehlen bis zu 1 m?
0,20 m; 0,03 m; 32 cm; 5 cm; 0,01 m

c) Wie viel mm fehlen bis zu 1 cm?
3 mm; 0,8 cm; 6 mm; 0,5 cm; 0,1 cm

Seite 17 Aufgabe 2
a) 1 2 5 m; … b) …

3 Schreibe Angaben zu gleichen Längen als Paare auf.

560 cm	2,4 cm	0,25 m	32 mm
3 cm 2 mm	5,60 m	2,54 m	1 000 cm
25 cm	2 540 mm	10 m	24 mm

Seite 17 Aufgabe 3
5 6 0 cm = 5, 6 0 m
⋮

4 Rechne schriftlich oder im Kopf.

Beachte: Vor dem Rechnen musst du unterschiedliche Längeneinheiten zuerst in die gleiche Einheit umwandeln.

a)
2,20 m + 4,30 m = ▢ m
5,80 m + 3,40 m = ▢ m
7,90 m − 2,50 m = ▢ m
9,30 m − 3,80 m = ▢ m

b)
3 m 72 cm − 130 cm = ▢ m
9,94 m − 6,36 m = ▢ m
266 cm + 3,19 m = ▢ m
7,49 m + 8,13 m = ▢ m

Seite 17 Aufgabe 4
a) …

5 Schreibe in dein Lerntagebuch, welche Gegenstände oder Strecken und dazu passende Längenangaben du kennengelernt und dir gemerkt hast. Verwende verschiedene Längeneinheiten.

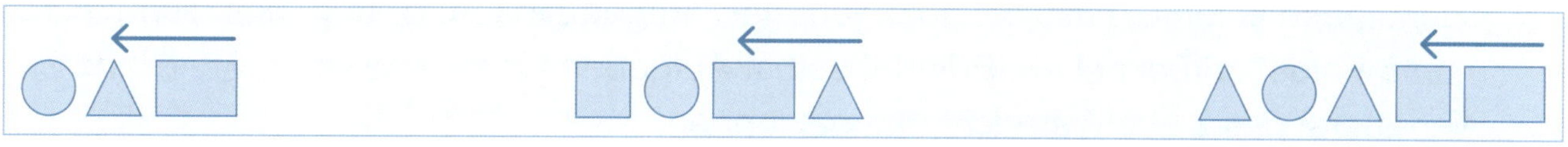

→ AH Seite 59

Im Spiel Fragen zu Längen beantworten

Ⓐ Gib auswendig an, wie lang 6 Kästchen in deinem Heft sind.

Ⓑ Suche im Klassenzimmer einen Gegenstand von ungefähr 10 cm Länge.

Ⓒ Gib auswendig an, wie hoch ungefähr die Tür zum Klassenzimmer ist.

Ⓓ Nenne ein Beispiel für die Länge 1 mm.

Ⓔ Zeichne eine Strecke von 45 mm Länge.

Ⓕ Nenne die Strecke, die du als Wanderer in einer Stunde zurücklegen kannst.

Ⓖ Nenne die Strecke, die ein Fahrradfahrer ungefähr in einer Stunde zurücklegt.

Ⓗ Nenne 3 Beispiele für Körpermaße und deren ungefähre Länge in cm.

Ⓘ Miss die Länge von Einsterns Zauberstab auf dieser Seite.

Ⓚ Schreibe 2,5 cm auf zwei weitere Arten auf.

Ⓛ ?

Ⓜ ?

Ⓝ ?

Ⓞ ?

1 Suche dir einen oder zwei Mitspieler. Besorgt euch einen Würfel und Spielfiguren.

Spielanleitung:
Stellt alle Spielfiguren auf das Startfeld. Würfelt abwechselnd und setzt eure Spielfigur der gewürfelten Zahl entsprechend auf den Feldern weiter. Wer auf einen Buchstaben kommt, muss die dazugehörige Aufgabe lösen. Gelingt das nicht, muss man 5 Felder zurückgehen. Erfindet selbst Aufgaben für die Felder Ⓛ, Ⓜ, Ⓝ und Ⓞ. Wer zuerst das Zielfeld erreicht, hat gewonnen.

* nutzen bekannte Bezugsgrößen beim Lösen von Aufgaben
* formulieren mathematische Fragen und Aufgabenstellungen
* geben Längenangaben in unterschiedlichen Schreibweisen wieder

1

Fernsehturm Toronto (553 m)

Empire State Building (442 m)

Taipeh 101 (508 m)

Eiffelturm Paris (300 m)

Fernsehturm Stuttgart (217 m)

Fernsehturm Berlin (368 m)

Seite 19 Aufgabe 1
a) ...
b)

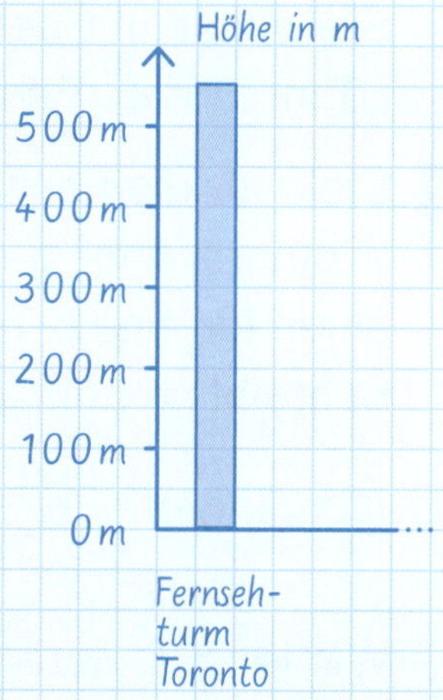

c) ... ist ... m höher als ...

a) Ordne die Gebäude der Höhe nach.

b) Stelle die Höhen der Gebäude in einem Säulendiagramm dar.
Ordne auch hier der Größe nach. Zeichne für 10 m Höhe jeweils 1 mm.

c) Vergleiche mindestens vier Gebäude. Berechne dazu die Höhenunterschiede.

2 Jan macht mit seinem Vater einen Ausflug zum Stuttgarter Fernsehturm. Auf der Aussichtsplattform sind auf einer Tafel die Entfernungen umliegender Berge angegeben:

Feldberg	130 km	Hoher Neuffen	26 km
Kniebis	73 km	Hohenstaufen	46 km
Teck	28 km	Rechberg	44 km

Seite 19 Aufgabe 2
...

Schreibe mindestens vier Vergleiche in dein Heft.

* übersetzen Problemstellungen in ein mathematisches Modell
* stellen Daten zu Höhenangaben in einem Diagramm dar
* vergleichen und ordnen Längen- bzw. Höhenangaben

Eine Bodensee-Radrundfahrt planen

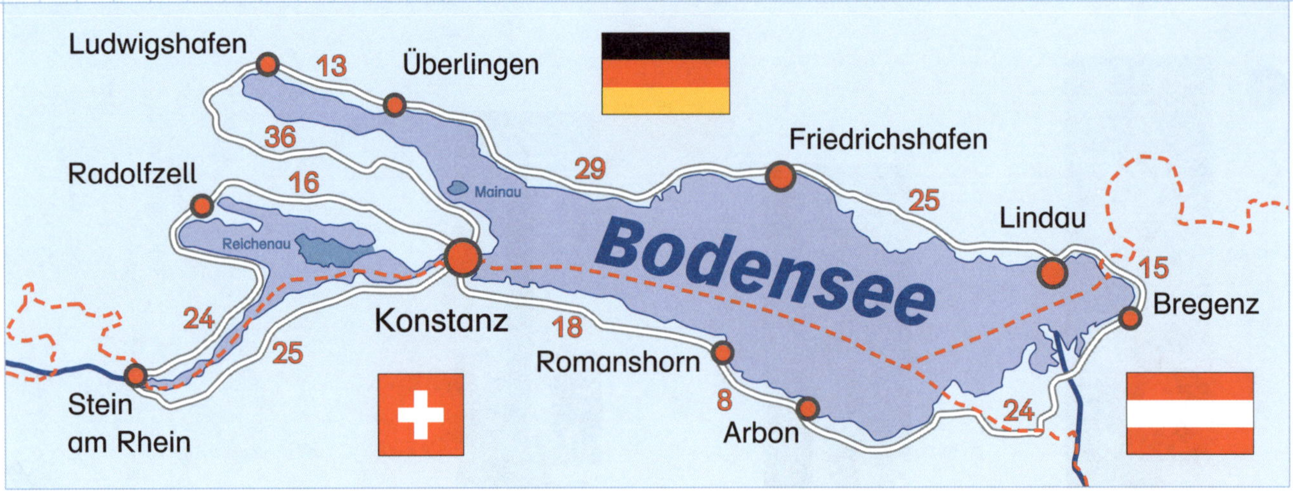

1 Jan und Luisa fahren mit ihren Eltern auf dem Radwanderweg um den Bodensee. Sie wollen in Überlingen starten und enden. An einem Tag wollen sie höchstens 50 km fahren. Bearbeite die Aufgabe mit einem anderen Kind.

a) Stellt für die Familie mindestens zwei „Routenpläne" zusammen: einen für eine 6-Tage-Tour, einen für 7 Tage. Schreibt so auf:

Überlingen $\xrightarrow[\text{1. Tag}]{\text{49 km}}$ Konstanz $\xrightarrow[\text{2. Tag}]{\text{... km}}$ …

Seite 20 Aufgabe 1
a) …

b) Wie lang ist der Radweg um den See?

c) Jan stellt seinen Kilometerzähler beim Start in Überlingen auf 0. Er schreibt jeden Abend den Kilometerstand auf. Erstellt auch für einen eurer Radtourvorschläge eine solche Liste.

Überlingen	0 km
Konstanz	49 km
…	…

d) Im Internet, bei Touristeninformationen oder Reisebüros gibt es fertige Tourenvorschläge. Vergleicht diese mit eurer Planung. Überlegt, wo die in den Vorschlägen angegebenen Orte in etwa auf der Karte liegen.

2 Überlegt gemeinsam, wie viele Stunden Luisa bei der Rundfahrt auf ihrem Sattel sitzt. Begründet eure Überlegungen und schreibt sie auf.

Seite 20 Aufgabe 2
…

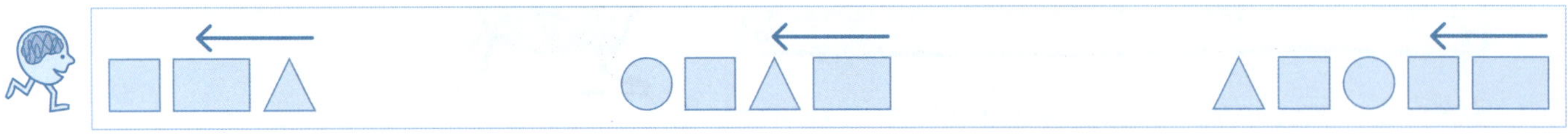

⋆ nutzen selbstständig Bearbeitungshilfen wie Skizzen zur Lösung von Sachsituationen
⋆ übertragen Sachsituationen in andere Darstellungsformen, um Zusammenhänge zu erfassen
⋆ beschaffen sich selbstständig geeignete Informationen

Informationen aus einem Ortsplan entnehmen

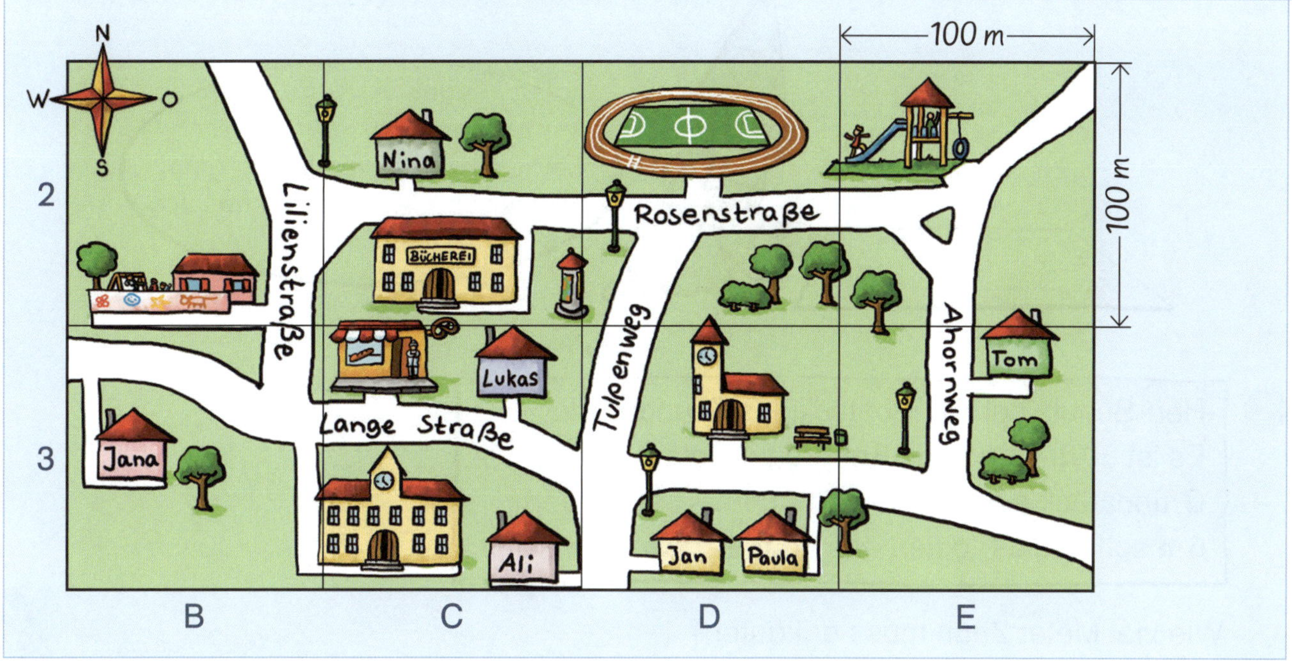

1 Hier siehst du einen Ausschnitt aus einem Ortsplan. Er ist in Planquadrate unterteilt. Die Schule findest du im Quadrat C3.

Schreibe auf, in welchen Planquadraten du folgende Standorte findest:
Kindergarten, Spielplatz, Kirche, Sportplatz, Bücherei

Seite 21 Aufgabe 1
Kindergarten: ...

2 Beantworte folgende Fragen zusammen mit einem anderen Kind.

a) In welchen Straßen wohnen die Kinder?

b) Welche Straßen gehen Jana, Tom und Paula?
Wie lang ist ihr Weg in etwa?

Jana ⟶ Schule ⟶ Tom
Tom ⟶ Kirche ⟶ Kindergarten
Paula ⟶ Tom ⟶ Sportplatz

c) Welche Himmelsrichtungen musst du einsetzen, damit die Sätze stimmen?

Die Schule liegt im ▢ der Bäckerei.
Die Kirche liegt im ▢ der Bäckerei.
Der Sportplatz liegt im ▢ der Kirche.
Lukas wohnt im ▢ der Kirche.

d) Wer wohnt am nächsten an der Schule?

e) Stellt euch gegenseitig weitere Fragen.

★ nutzen einen Lageplan zur Orientierung im Raum
★ entnehmen Sachsituationen Informationen und formulieren dazu mathematische Fragestellungen
★ bearbeiten komplexere Aufgabenstellungen gemeinsam und setzen eigene und fremde Standpunkte in Beziehung

Skizzen als Lösungshilfen kennenlernen

1 Herr Schulz hat ein rechteckiges Grundstück. Es ist 30 m lang und 18 m breit. Er plant für das Grundstück einen neuen Zaun. Im Abstand von 6 m sollen die Pfosten des Zaunes gesetzt werden.

Wie viel Meter Zaun muss er kaufen?
Wie viele Pfosten benötigt er?

Gehe so Schritt für Schritt vor:

1) Zeichne als Skizze die grobe Form des Grundstücks.

2) Beschrifte die Skizze mit den Längenangaben.

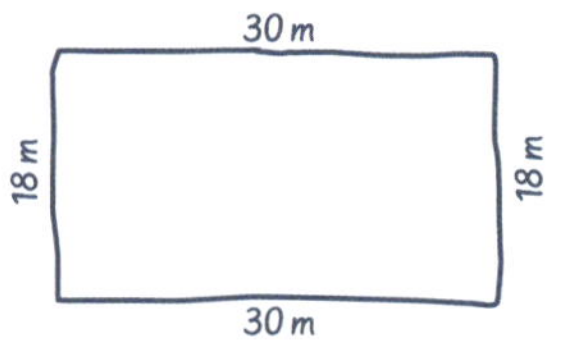

3) Zeichne ein, wie die Pfosten verteilt sind.

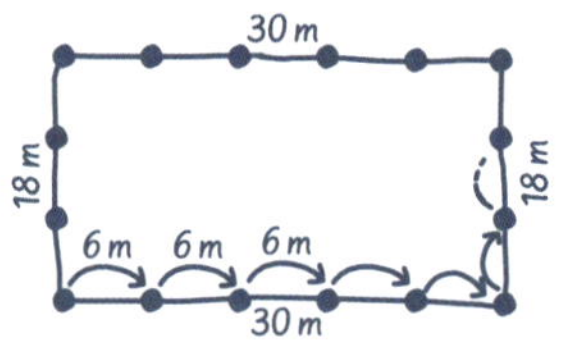

4) Zähle die Pfosten ab.

5) Ermittle anhand deiner Skizze die benötigte Zaunlänge:
30 m + 18 m + 30 m + 18 m = ▢
Das ist der Umfang des Grundstücks.

2 Löse die Aufgaben mithilfe von Skizzen.

a) Im Park werden Obstbäume neben den Hauptweg gepflanzt. Der Weg ist 36 m lang. Die Bäume sollen einen Abstand von 4 m zueinander und zum Weg haben.

Wie viele Bäume werden gepflanzt?

b) Tim will auf seinem 21 cm breiten Blatt eine Tabelle zeichnen. Sie soll drei gleiche Spalten haben. Links und rechts sollen zum Blattrand 3 cm Abstand bleiben.

Wie viele Striche muss er von oben nach unten zeichnen? Wie breit sind die Spalten?

* entnehmen relevante Informationen aus Texten
* entwickeln und nutzen Skizzen für das Bearbeiten mathematischer Probleme
* rechnen mit Längenangaben

1 Ordne Aufgabe, Skizze und Rechnung jeweils passend zu.

Seite 23 Aufgabe 1
A 1 – …

A 1 Ole ist 1,42 m groß. Wenn Lena sich auf eine 18 cm hohe Treppenstufe stellt, ist sie genauso groß. Wie groß ist Lena?

A 2 Luca und sein kleiner Bruder sind zusammen so groß wie der Vater. Der Vater ist 1,87 m groß und der kleine Bruder 52 cm.

A 3 Sofie ist 24 cm kleiner als ihre 1,52 cm große Schwester Emma. Wie groß ist Sofie?

S 1

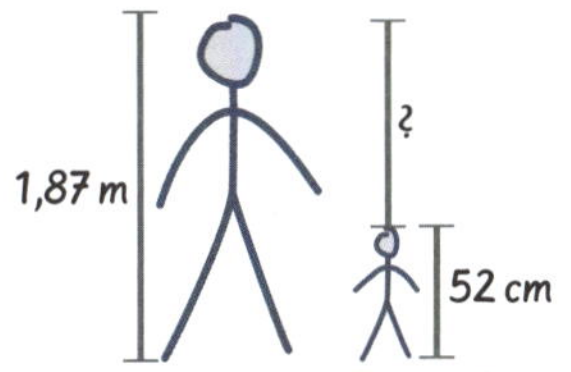

S 2

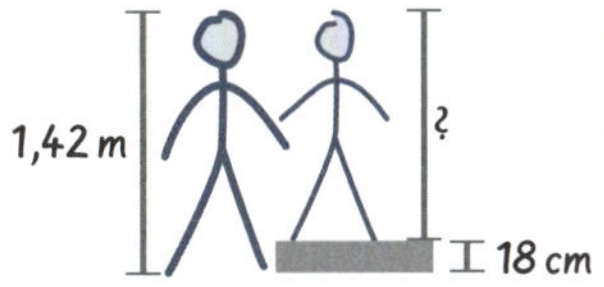

S 3

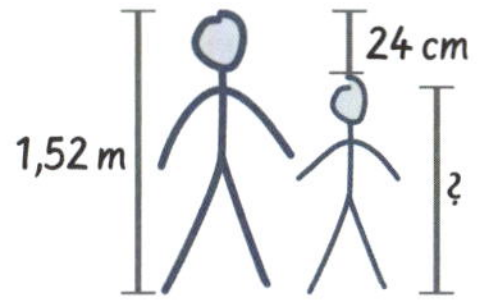

R 1 1,52 m – 24 cm = 1,28 m

R 2 1,87 m – 52 cm = 1,35 m

R 3 1,42 m – 18 cm = 1,24 m

2 Stelle fest, wie groß die Kinder sind. Zeichne selbst eine Skizze und schreibe eine Rechnung dazu in dein Heft.

Seite 23 Aufgabe 2
…

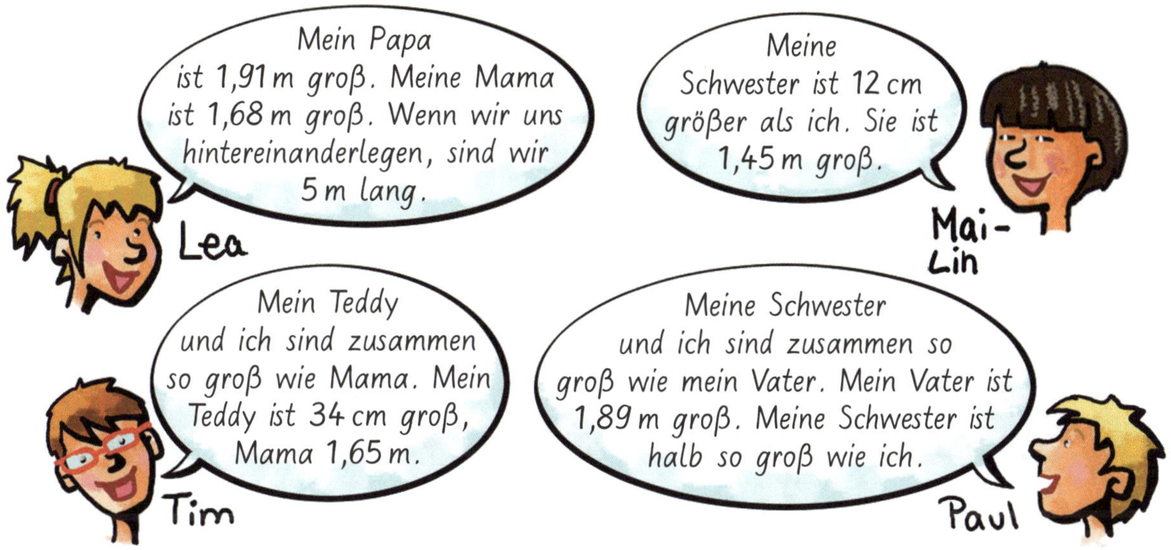

3 Finde selbst eine Aufgabe. Du kannst Zahlenangaben erfinden oder zu deiner Familie passende Zahlenangaben verwenden. Stelle die Aufgabe einem anderen Kind.

Seite 23 Aufgabe 3
…

→ AH Seite 60

* übertragen eine Darstellung in eine andere, wechseln zwischen den Darstellungen und erklären Beziehungen
* wenden ihre mathematischen Kenntnisse, Fähigkeiten und Fertigkeiten bei der Bearbeitung herausfordernder Aufgaben an

1

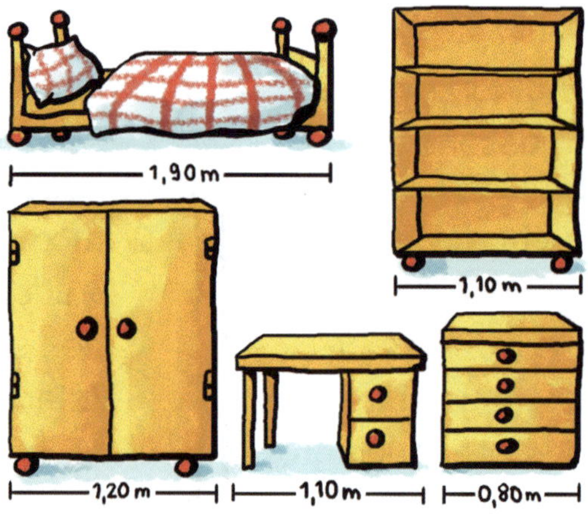

Oles Familie zieht um. Das neue Kinderzimmer ist 3,70 m lang und 2,90 m breit.
Besprich die Fragen mit einem anderen Kind und begründe die Antworten.
Findet gemeinsam weitere Fragen und Antworten.

a) Kann man das Bett und den großen Schrank an die kurze Seite stellen?

b) Passen Bett und Regal auf die lange Seite?

c) Wohin passen dann Schreibtisch und Schrank? Wohin die Kommode?

2 Es könnte auch ein anderes Zimmer als Kinderzimmer eingerichtet werden.
Von diesem Zimmer gibt es einen Plan und einige Notizen.
Wie würdest du dich entscheiden?
Besprich deine Entscheidung mit einem anderen Kind und begründe sie.

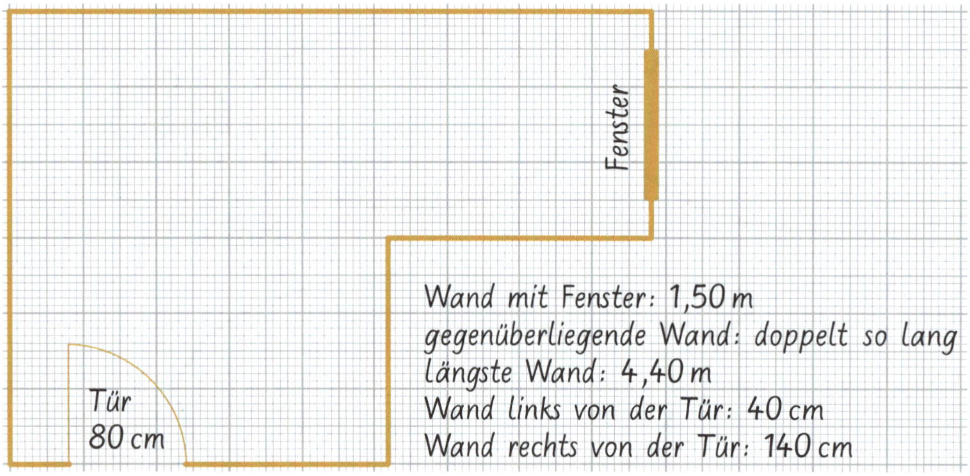

3 Miss dein Zimmer aus. Miss auch die Breite oder Länge deiner Möbel. Zeichne deine Möbel wie in Aufgabe 1 und trage die Maße ein. Überlege, wie du die Möbel einfacher zeichnen kannst.

Seite 24 Aufgabe 3
...

* erkennen mathematische Beziehungen, entwickeln Lösungswege und suchen Begründungen, die sie zusammen mit anderen erläutern
* entwickeln und nutzen Skizzen für das Bearbeiten mathematischer Probleme

Eine Skizze zeichnen und auswerten

1 Hier siehst du eine Skizze des Sandkastens von Leas Schwester Inga. Die Umrandung besteht aus vier Holzbalken.

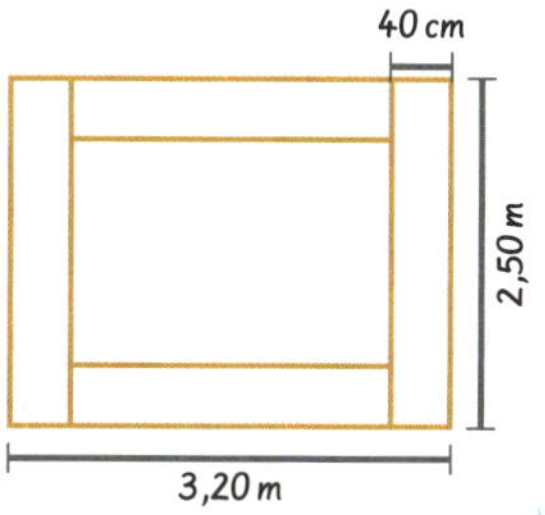

Beantworte folgende Fragen:

a) Wie lang sind die Holzbalken auf der längeren Seite?

b) Wie viel Meter Holz mit 40 cm Breite wurden für die Umrandung benötigt?

Seite 25 Aufgabe 1
a) ...

2 Herr Groß möchte die Terrasse seines Hotels neu gestalten. Sie ist 6 m lang und 5 m breit. Rundherum am Rand plant er einen 1 m breiten Streifen aus Steinplatten, um einen Grill und viele Pflanzen abzustellen. Der innere Teil soll mit quadratischen Holzplatten von 50 cm Länge und 50 cm Breite ausgelegt werden.

Wie viele Holzplatten benötigt er?

a) Zeichne eine Skizze, auf der 1 m in Wirklichkeit 1 cm entspricht.

b) Zeichne einige Holzplatten ein und beantworte die Frage.

Seite 25 Aufgabe 2
a) ...

3

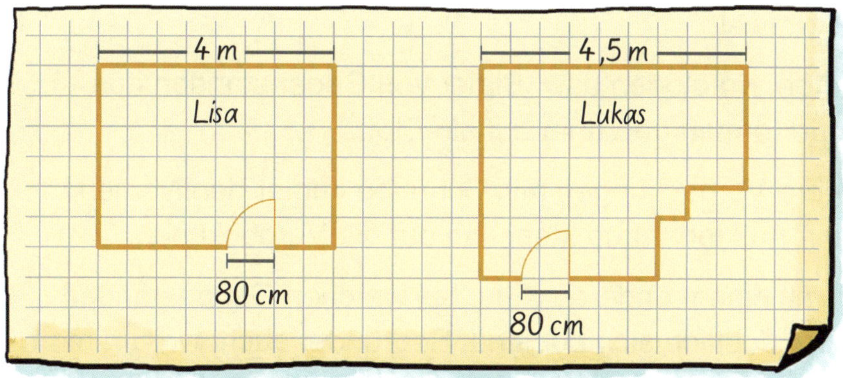

Lisa und ihr Bruder Lukas bekommen in ihren Kinderzimmern einen neuen Teppichboden. Sie haben die Zimmer ausgemessen und Pläne gezeichnet.

a) Für welches Zimmer benötigt man mehr Teppichboden? Nutze die Kästchen auf dem Plan.

b) Wie viel Meter Sockelleiste benötigt man für dieses Zimmer?

c) Wie viel Meter Sockelleiste benötigt man für beide Zimmer?

Seite 25 Aufgabe 3
a) ...

Würfel, Quader, Kugeln, Zylinder, Kegel und Pyramiden finden

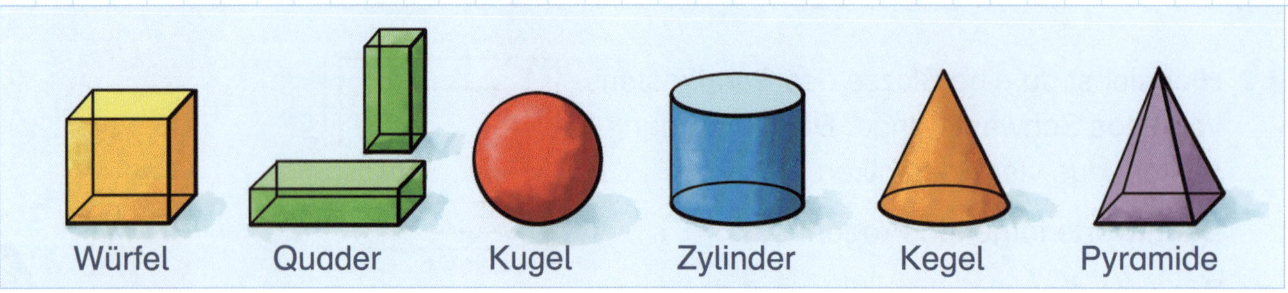

1

Ordne die Gegenstände den geometrischen Körpern Würfel, Quader, Kugel, Zylinder, Kegel oder Pyramide zu.

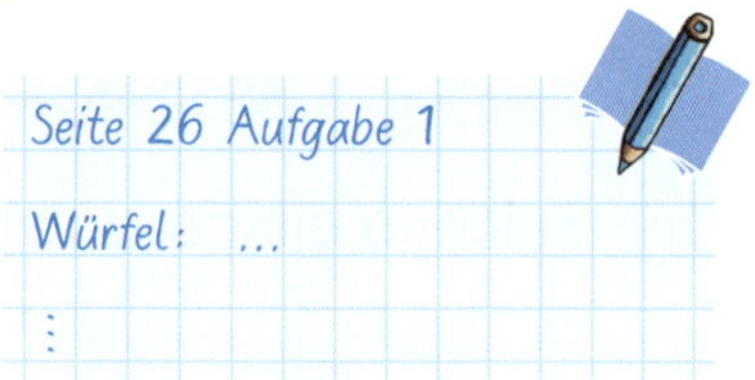

2 Körperformen in deiner Umwelt

a) Schneide aus Zeitschriften, Katalogen usw. Bilder von Gegenständen aus und klebe sie nach Körperformen geordnet auf ein Blatt.

b) Bringe von zu Hause leere Verpackungen mit. Schreibe immer den Namen der Körperform auf einen Aufkleber und klebe ihn auf die Verpackung.

c) Überlege und besprich mit einem anderen Kind, bei welchen Gegenständen die geometrischen Körper deutlich sichtbar sind. Begründet auch, warum man bestimmte Körperformen sehr oft und andere nur selten im Alltag findet.

3 Suche dir ein anderes Kind, mit dem du „Ich sehe was, das du nicht siehst" spielst. Stellt euch abwechselnd Fragen. Nutzt dabei die Namen der Körperformen, zum Beispiel: „Ich sehe einen Zylinder. Er ist rot."

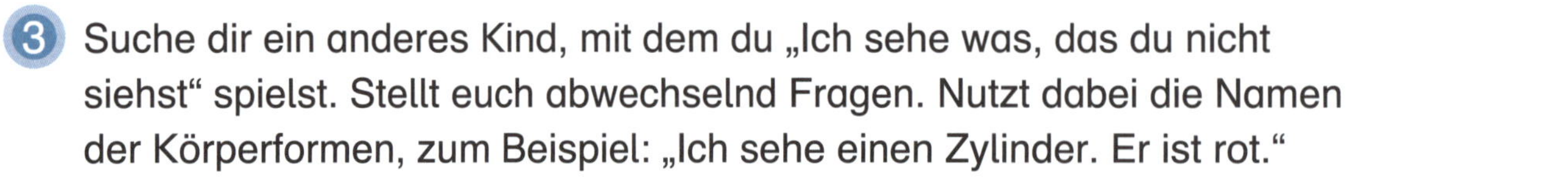

- erkennen und benennen geometrische Körper an Gegenständen aus ihrem Umfeld
- begründen Vor- und Nachteile der Eigenschaften von Körperformen bei ihrer Verwendung in Alltagsgegenständen und Bauwerken

1

Suche dir ein anderes Kind. Besprecht zusammen jedes Foto.

a) Welche Körperformen (Quader, Zylinder ...) entdeckt ihr?

b) Welche Flächenformen (Kreis, Dreieck, Quadrat, Rechteck) entdeckt ihr?

2 Baue gemeinsam mit anderen Kindern solche kunstvollen Gebäude. Ihr könnt Pappe oder verschiedene Verpackungsmaterialien verwenden, die ihr bemalt oder mit farbigem Papier beklebt.

Ihr könnt auch Bausteine verwenden.

★ erkennen und benennen Körperformen an Bauwerken und verwenden dabei Fachbegriffe zu deren Beschreibung
★ erstellen aus unterschiedlichen Körperformen selbst Bauwerke

Körper herstellen

1 Vollmodell

Stelle aus Knete, Schaumstoff oder anderen Materialien mehrere Körper her.

2 Kantenmodell

Baue mit Trinkhalmen oder Holzstäbchen und Kügelchen aus Knetmasse. Überlege zuerst, welche Körper du so herstellen kannst. Besprich vor dem Bauen mit einem anderen Kind, was ihr beachten müsst.

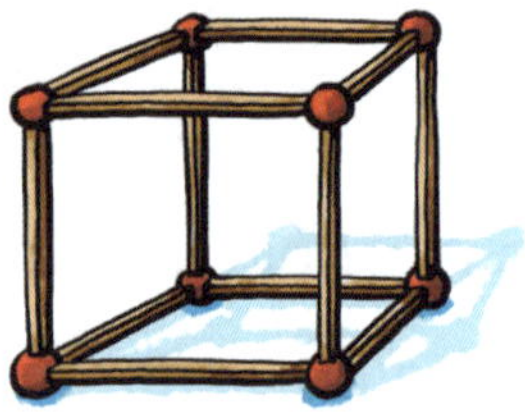

3 Flächenmodell

Baue aus Pappe das Flächenmodell eines Würfels und eines Quaders. Überlege vor dem Bauen, was du beachten musst.
Diese Stichworte helfen dir: Flächen, Klebestreifen

4 Du kannst auch ein Flächenmodell einer Pyramide bauen.

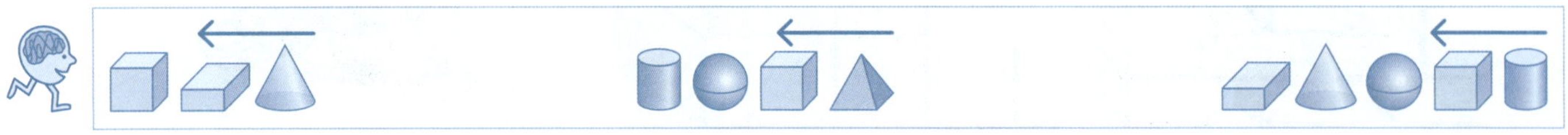

* stellen mit unterschiedlichen Materialien Modelle geometrischer Körper her (Voll-, Kanten- und Flächenmodelle)

Körpereigenschaften entdecken, benennen und zusammenstellen

1 Wie viele Flächen, Kanten und Ecken haben die Körper? Übertrage die Tabelle in dein Heft. Fülle sie aus.

Seite 29 Aufgabe 1

Körper	Anzahl der Flächen	Kanten	Ecken	In der Umgebung zu finden als
Würfel				
Quader				
Kugel				
Zylinder				
Kegel				
Pyramide				

2 Ordne jedem Körper passende Flächen zu.

Seite 29 Aufgabe 2

A – 3, B – …

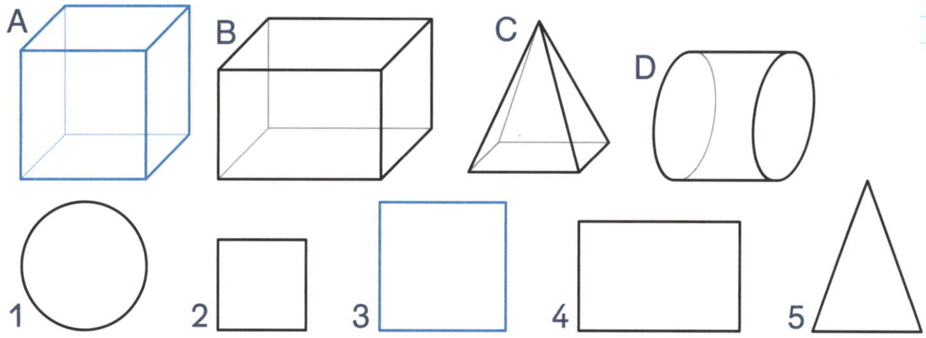

3 Stellt euch gegenseitig Rätselfragen zu den verschiedenen Körpern.

4 Schreibe die Namen der geometrischen Körper auf, die du in deiner Vorstellung mit Fachbegriffen beschreiben kannst. Notiere dann die Körper, die du nur mithilfe einer Abbildung beschreiben kannst.

→ AH Seite 61
→ Ü Seite 52

* verwenden Fachbegriffe wie Fläche, Kante und Ecke zur Beschreibung von Körperformen
* operieren mit ebenen Figuren und Körpern in der Vorstellung

Körpernetze herstellen und erkennen

1 Zerschneide eine quaderförmige Verpackung vorsichtig so, dass beim Auseinanderklappen eine zusammenhängende Fläche entsteht. Eine solche Fläche nennt man Körpernetz.

Weil das Netz aus einem Quader entstanden ist, heißt es Quadernetz. Wenn du das Netz erneut faltest und zusammenklebst, erhältst du wieder den Körper.

2 Stelle auch aus anderen Verpackungen auf dieselbe Weise Netze her. Beachte, dass das Netz immer aus einem Stück bestehen muss. Beschrifte dein Netz wie oben mit dem richtigen Namen (z. B. Würfelnetz). Hänge es in der Klasse auf.

3 Schreibe auf, welche Netze zu welchen Körpern gehören. Falte dazu die Netze in deiner Vorstellung. Schreibe zu jedem Körper die passende Bezeichnung auf.

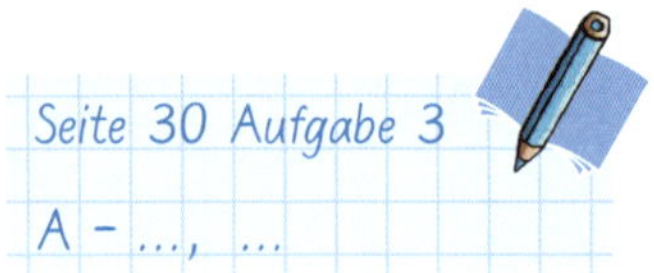

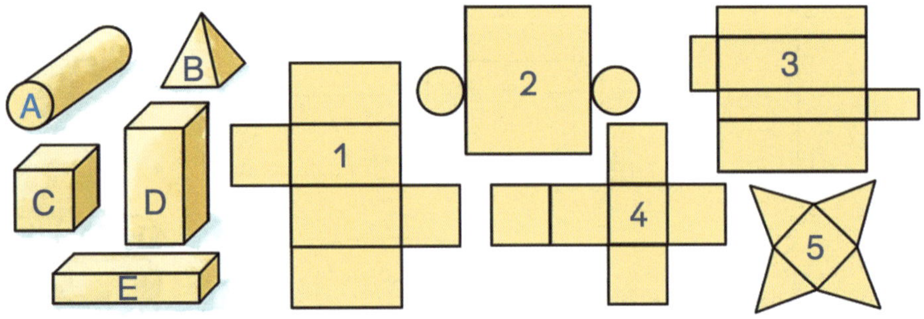

4 Du kannst dir bei deiner Lehrerin oder deinem Lehrer Kopien mit Körpernetzen holen und daraus Körper bauen.

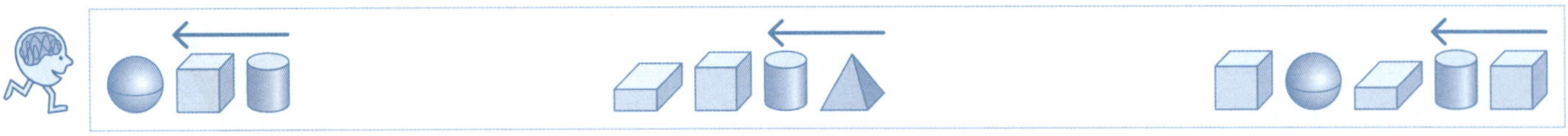

* stellen Körpernetze verschiedener geometrischer Körper her
* ordnen Netze und Körper passend zu

Denkaufgaben zum Spielwürfel lösen

1 Zeichne die angegebenen Flächen des oben abgebildeten Würfels mit der jeweils richtigen Augenzahl.

a) oben b) vorne c) rechts
d) links e) hinten f) unten

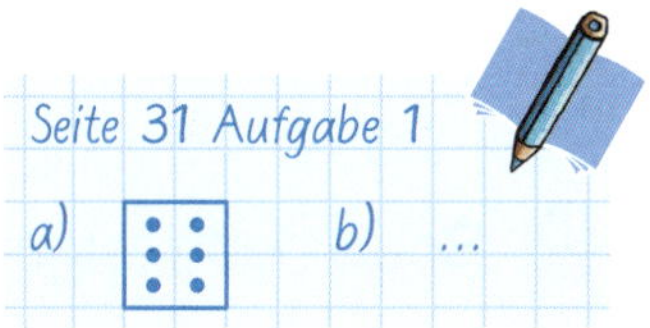

2 Kippe die Würfel in deiner Vorstellung und zeichne jeweils die Augenzahl auf, die dann oben zu sehen ist. Du kannst es auch mit einem Würfel ausprobieren oder überprüfen.

a)  einmal nach rechts
b)  einmal nach links
c)  einmal nach hinten
d)  einmal nach vorne
e)  zweimal nach rechts
f)  nach links und dann nach hinten

3 Übertrage die Würfelnetze in dein Heft und ergänze die fehlenden Augenzahlen. Beschreibe deine Vorgehensweise und das Ergebnis einem anderen Kind. Als Hilfe kannst du die Netze herstellen und zu einem Würfel zusammenbauen.

a) 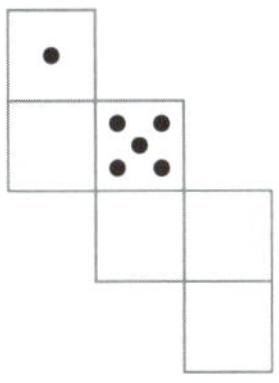
b) 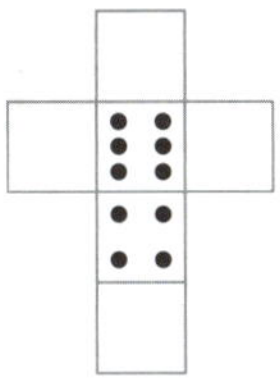
c) 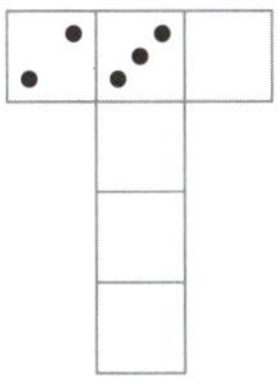

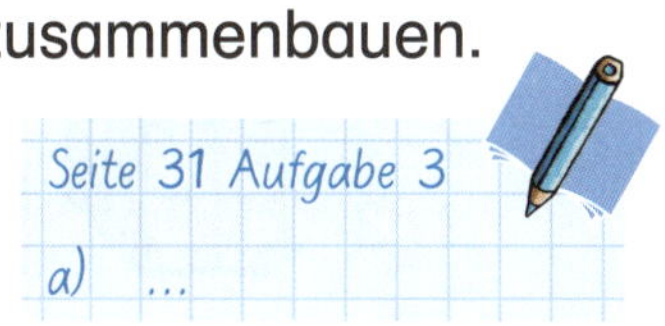

4 Bestimme, welches Netz zusammengefaltet einen Spielwürfel ergibt. Begründe deine Entscheidung.

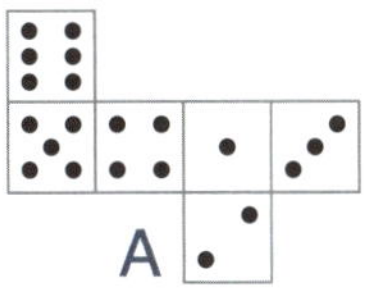
A

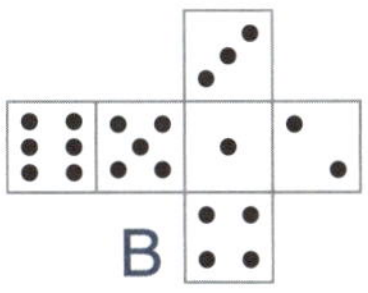
B

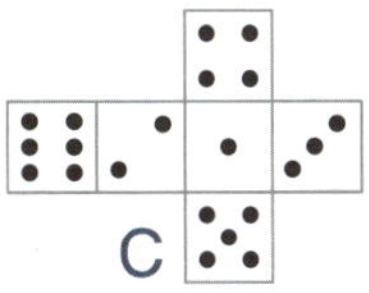
C

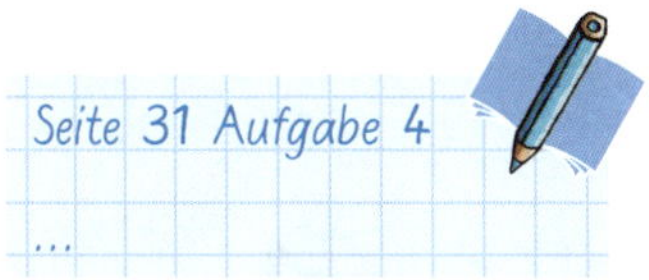

★ operieren mit Körpern handelnd sowie in der Vorstellung und beschreiben dabei Vorgehensweise und Ergebnisse
★ überprüfen und begründen den Zusammenhang zwischen Netzen und Körpern

1 Baue mit Steckwürfeln oder mit Holzwürfeln nach.
Die Baupläne können dir helfen.
Wie viele Würfel benötigst du jeweils?

a)

0	3	2	1
1	2	1	0

b)

3	3	3
3	3	2
3	2	1

c)

3	3	2	3
1	2	1	1

d)

3	4	3
2	3	2
1	2	1

2 Baue nach folgenden Bauplänen:

a)

2	2
3	1

b)

	3	
2	2	2
	1	

c)

4	2	3
3	2	1
1	0	0

d)

1	2	
2	3	2
	2	1

3 Immer ein Würfelgebäude und ein Plan passen zusammen. Ordne richtig zu.

a)

A

1	3
1	2

1

3	2
2	1

2

b)

B

3	2	1
3	2	0

1

3	3	2
1	0	2

2

c)

2	2
2	3

C

1

2

d)

1	2	3
1	2	2
1	1	1

D

1

2

Seite 32 Aufgabe 3
a) A, 2 b) ...

4 Zeichne selbst passende Baupläne.
Du kannst auch zuerst nachbauen.

a)

b)

c)

Seite 32 Aufgabe 4
a) ...

* stellen zwischen zwei- und dreidimensionalen Darstellungen räumlicher Gebilde Beziehungen her, indem sie nach Vorlage bauen oder einfache Baupläne erstellen

Würfelbauten aus verschiedenen Richtungen betrachten

1 

Baue das Würfelgebäude nach.
Schreibe zu jeder Zeichnung,
von welcher Seite aus der
Betrachter das Bauwerk gezeichnet hat.
Von oben, vorne, rechts, links oder von hinten?

Seite 33 Aufgabe 1
a) von oben b) ...

a)  b)  c)  d)  e) 

2 Baue das Würfelgebäude nach. Zeichne Skizzen, wie das Bauwerk von vorne, von hinten, von rechts, von links und von oben betrachtet aussieht.

Seite 33 Aufgabe 2
...

3 Max hat sein Würfelgebäude von vorne, von hinten, von rechts, von links und von oben fotografiert. Foto A zeigt das Bauwerk von vorne. Ordne die Fotos richtig zu.

Seite 33 Aufgabe 3
A von vorne B ...

4 Finde jeweils die Würfelbauten von A, B, C, D, E, die mit dem ersten, eingerahmten Gebäude übereinstimmen.

Seite 33 Aufgabe 4
a) ...

a) 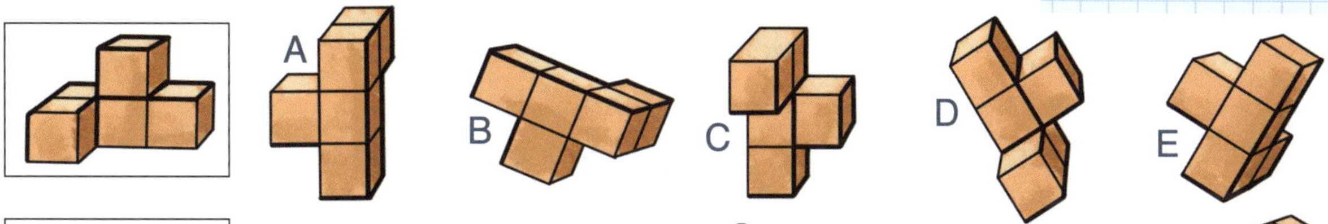

b) 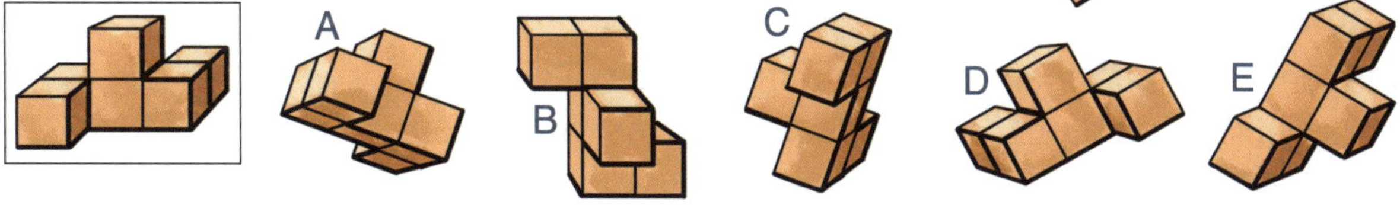

→ AH Seite 62
→ Ü Seite 53

⋆ nehmen veschiedene Perspektiven ein, um Ansichten eines Bauwerks zuzuordnen

Verschiedene Schaubilder auswerten und vergleichen

Säulendiagramm

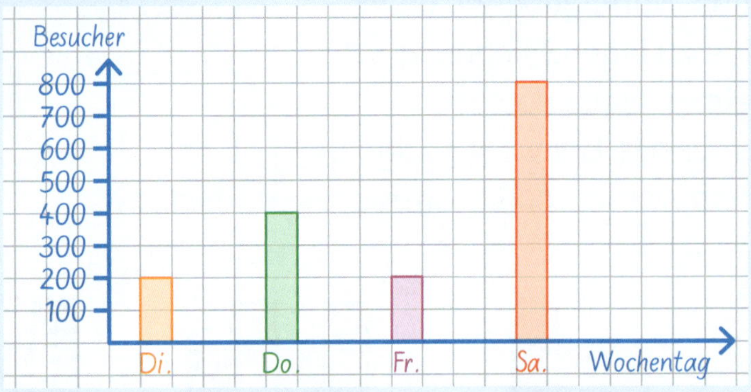

Kreisdiagramm

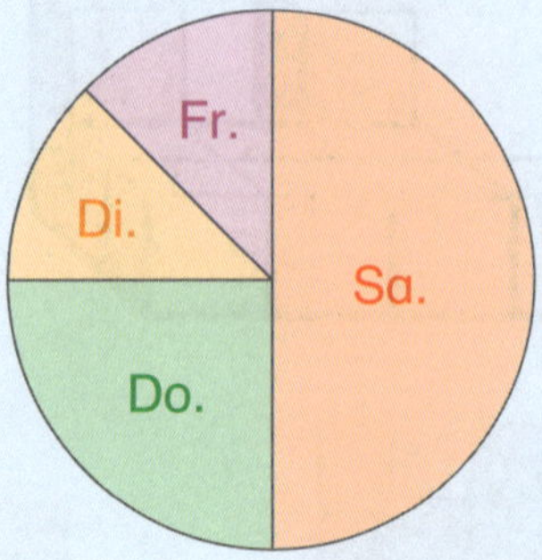

Tabelle

Wochentag	Di.	Do.	Fr.	Sa.
Besucher	200	400	200	800

1 Auf zwei verschiedenen Schaubildern und in einer Tabelle sind die auf Hunderter gerundeten Besucherzahlen des Hallenbades in der ersten Maiwoche dargestellt. Beantworte die Fragen:

a) An welchem Wochentag sind die wenigsten/ die meisten Besucher im Hallenbad?

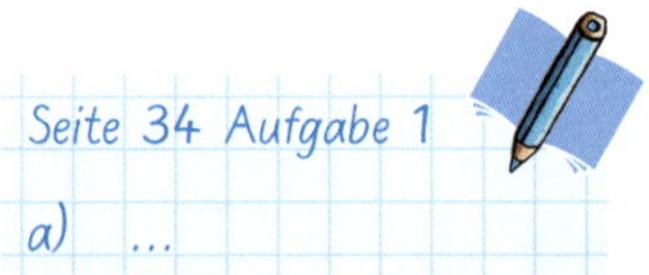

b) Wie viele Besucher sind es am Donnerstag?

c) Wie viele Besucher sind es am Samstag mehr als am Freitag?

d) An welchen Tagen sind es jeweils doppelt so viele Besucher wie an anderen Tagen?

2 Überlege mit einem anderen Kind, mit welchem Schaubild du die einzelnen Fragen in Aufgabe 1 besonders leicht und schnell beantworten konntest. Gibt es auch Fragen, die du mit einem der Diagramme nicht beantworten konntest? Mit welchem? Warum?

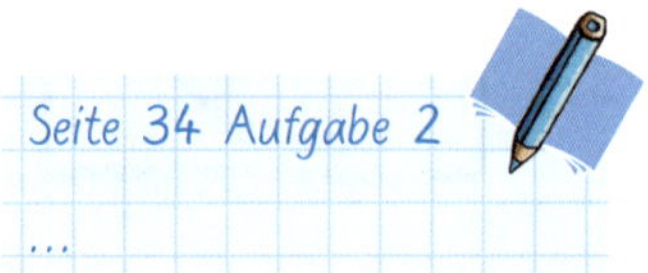

3 Beschreibe die speziellen Eigenschaften und Vorzüge der verschiedenen Darstellungen und besprich deine Überlegungen mit einem anderen Kind. Formuliert verschiedene Sätze dazu.

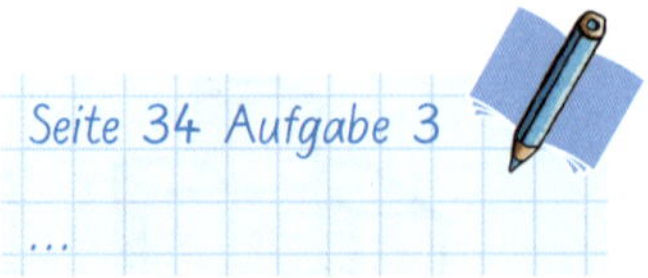

4 Findet weitere Fragen zu den Informationen auf den Schaubildern. Begründet, welche Schaubilder am besten zur Beantwortung der Fragen passen.

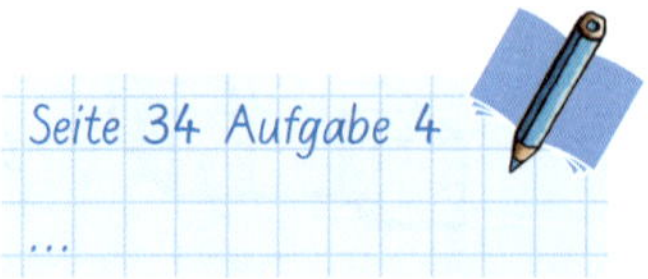

* entnehmen Diagrammen relevante Informationen und beschreiben mathematische Zusammenhänge
* vergleichen und bewerten verschiedene Darstellungen

→ Ü Seite 54

Ergebnisse in eine andere Darstellung übertragen

1 In der Tabelle siehst du, wie viele Kinder in der letzten Juliwoche nachmittags auf dem Abenteuerspielplatz waren. Die Zahlen sind jeweils auf Zehner gerundet.

Wochentag	Mo.	Di.	Mi.	Do.	Fr.	Sa.	So.
Kinder	30	40	60	60	80	50	20

Das Ergebnis der Befragung kann man in verschiedenen Schaubildern darstellen. Wähle eine Darstellung aus, übertrage sie ins Heft und vervollständige sie.

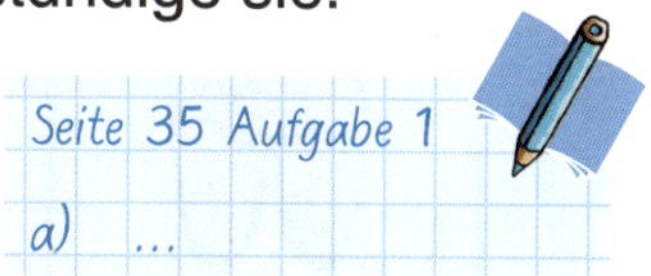

a) Säulendiagramm

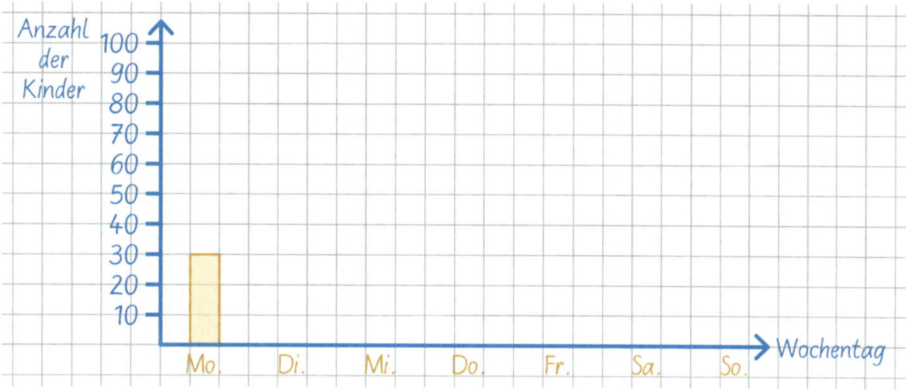

b) Balkendiagramm

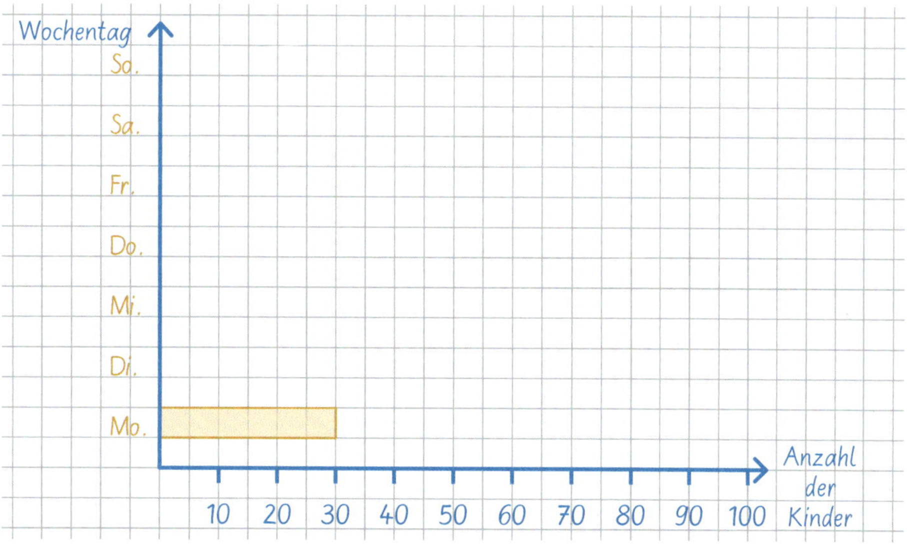

c)

Mo.	
Di.	
Mi.	
Do.	
Fr.	
Sa.	
So.	

 = 20 Kinder  = 10 Kinder

Alle Möglichkeiten finden

1 Aus diesen Karten kannst du lustige Clowns zusammenstellen.

a) Überlege, wie viele verschiedene Clowns du zusammensetzen kannst.

b) Übertrage die begonnenen Baumdiagramme in dein Heft und setze sie fort.

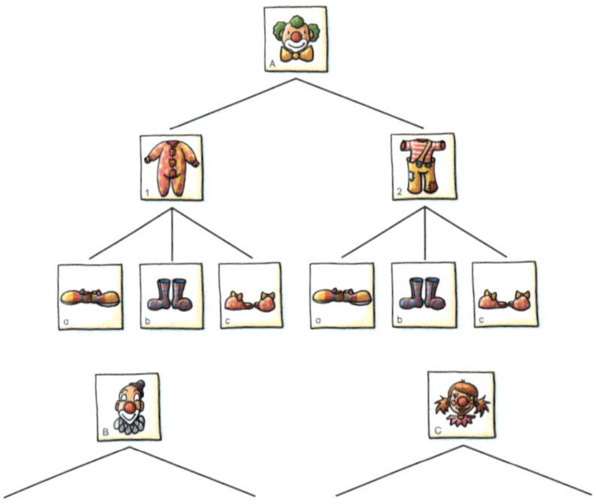

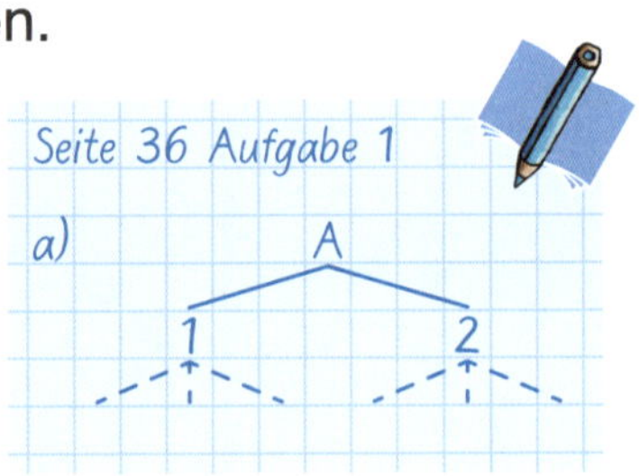

2 Entscheide, welche Rechnung die Anzahl der Möglichkeiten in Aufgabe **1** darstellt. Schreibe sie auf. Begründe.

$3 \cdot 2 + 3$ $\quad$ $3 \cdot 2 \cdot 3$ $\quad$ $3 + 2 \cdot 3$ $\quad$ $3 + 2 + 3$

3 Es soll nun eine weitere Karte mit einem anderen Clownsanzug hinzugefügt werden. Jetzt gibt es noch mehr Möglichkeiten, einen Clown zusammenzustellen.

a) Überlege, wie viele weitere Möglichkeiten es gibt.

b) Überlege, wie du die Baumdiagramme in Aufgabe **1** ergänzen kannst, um die Möglichkeiten zu finden.

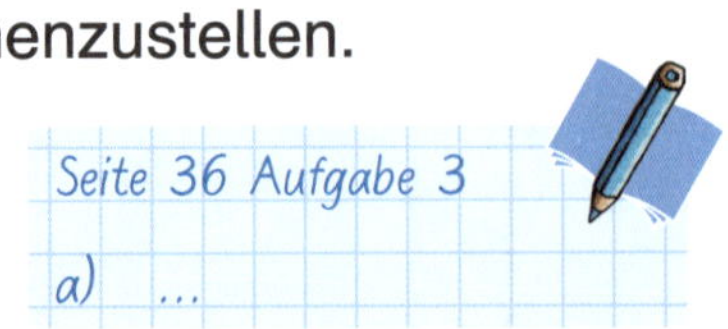

* bestimmen die Anzahl von Möglichkeiten anhand einfacher kombinatorischer Aufgabenstellungen
* stellen Vermutungen an und widerlegen oder bestätigen diese
* halten ihre Arbeitsergebnisse in unterschiedlicher Form schriftlich fest

→ AH Seite 63
→ Ü Seite 55

1 Übertrage die Skizzen in dein Heft. Beachte die Größen. Lies zuerst alle Aussagen und finde die passende Lösung.

Finde heraus, welches der Mädchen Lisa, Lena, Maja und Sofie ist. Schreibe die Namen dazu.

- Lisa ist größer als Lena.
- Maja ist die Kleinste.
- Lena ist größer als Sofie.

2 Finde heraus, wie die Uhren aussehen. Übertrage die Uhren ins Heft und male sie in den passenden Farben an.

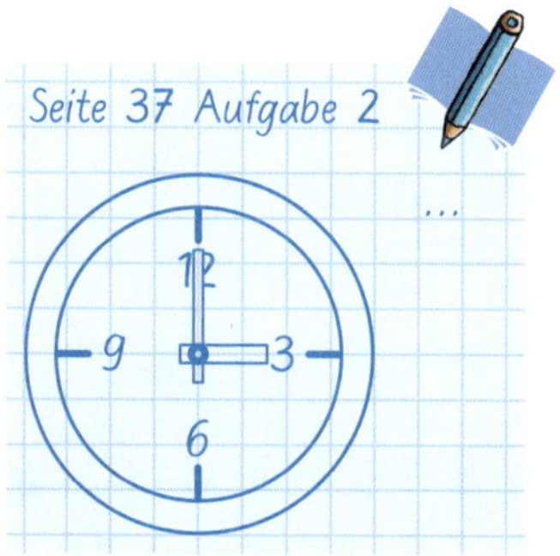

- Die Uhr rechts und die Uhr links haben einen Rand in der gleichen Farbe.
- Eine Uhr hat braune Zeiger.
- Die Uhr mit den roten Zeigern ist am weitesten entfernt von der Uhr mit dem blauen Ziffernblatt.
- Es gibt eine Uhr mit schwarzem Rand und weißen Zeigern.
- Die Uhr mit dem gelben Rand ist links neben der Uhr mit dem blauen Ziffernblatt.
- Die Uhr mit dem roten Ziffernblatt hat gelbe Zeiger.
- Die Uhr mit dem braunen Rand ist ganz rechts.
- Die Uhr mit dem grünen Ziffernblatt ist zwischen den Uhren mit dem roten und gelben Ziffernblatt.
- Die Uhr mit dem roten Ziffernblatt ist links neben der Uhr mit dem braunen Rand.

Glücksrad kennenlernen und erproben

Ein Glücksrad hat verschiedene Felder.
Es wird gedreht und bleibt irgendwann stehen.
Eine Markierung zeigt dann auf ein Feld.

1 Mit einem Fahrrad lässt sich sehr einfach ein Glücksrad herstellen. Dazu könnt ihr die Speichen des Vorderrades mit Farbpunkten bekleben.

Überlegt gemeinsam, wie ihr das Fahrrad aufstellt, und wie ihr die Farbpunkte und den Pappstreifen anbringt.

2 Führt in der Gruppe jeweils mindestens 10 Versuche mit dem Glücksrad durch. Notiert eure Ergebnisse in einer Tabelle.

a) Beklebt die Speichen beliebig mit roten und blauen Punkten.

b) Beklebt jeweils die Hälfte der Speichen mit roten und blauen Punkten.

c) Beklebt die Speichen beliebig mit Punkten in drei oder mehr Farben.

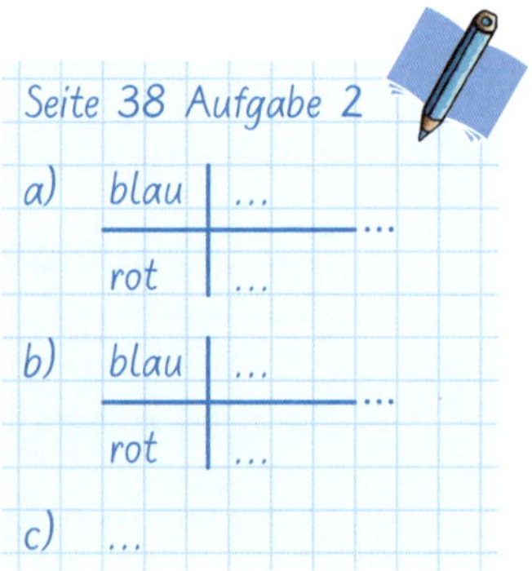

3 Stellt eure Ergebnisse anderen Kindern vor. Überlegt gemeinsam, wie ihr mit dem Bekleben der Speichen das Ergebnis beeinflussen könnt.

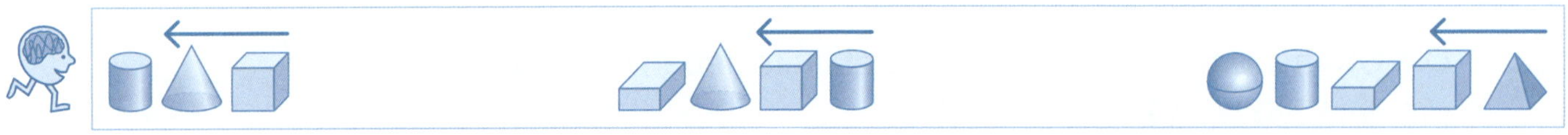

* führen Zufallsexperimente durch
* variieren die Bedingungen für einfache Zufallsexperimente systematisch

Die Ergebnisse verschiedener Glücksräder einschätzen

1 Zeichne ein Glücksrad in dein Heft, …

a) … bei dem Rot eine große Chance hat, zu gewinnen.

b) … bei dem Rot und Blau etwa gleich große Chancen haben, zu gewinnen.

Seite 39 Aufgabe 1
a) …

2 Ergänze die Aussage passend zum möglichen Ergebnis des Glücksrades mit …

– … ist möglich, aber nicht sicher.
– … ist unmöglich.
– … ist sicher.

a) 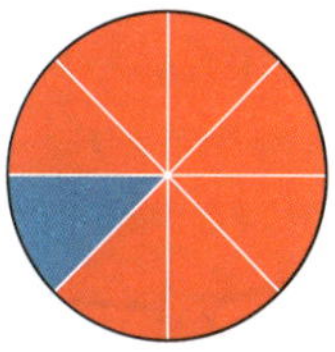

Dass Rot gewinnt, …

b) 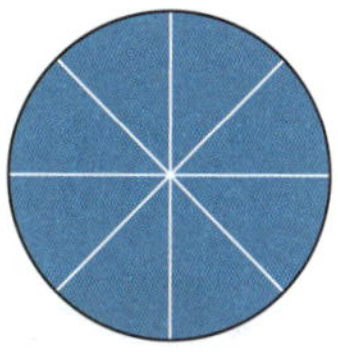

Dass Blau gewinnt, …

c) 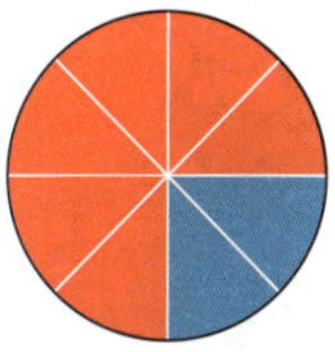

Dass Rot gewinnt, …

d) 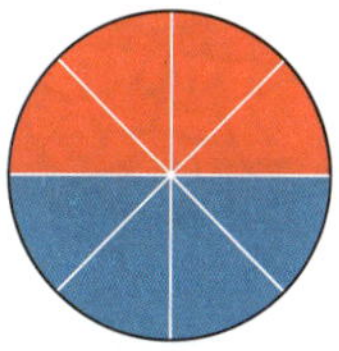

Dass Blau gewinnt, …

Seite 39 Aufgabe 2
a) ist …
b) …

3 Formuliere eine Aussage passend zum möglichen Ergebnis der Glücksräder.

– Die Chance, … ist größer als die Chance, …
– Die Chance, … ist kleiner als die Chance, …
– Die Chance, … ist gleich groß wie die Chance, …

a) 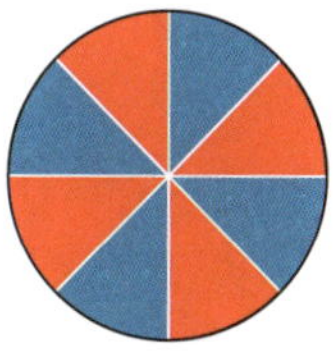

…, dass Rot gewinnt,

b) 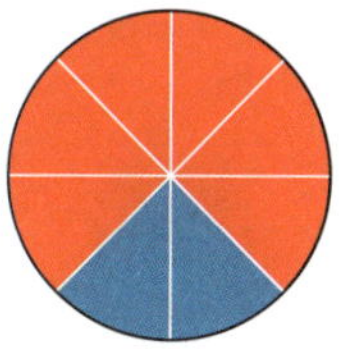

…, dass Rot gewinnt,

c) 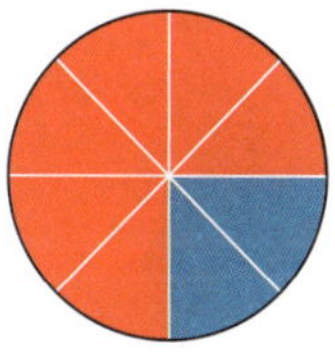

…, dass Blau gewinnt,

d) 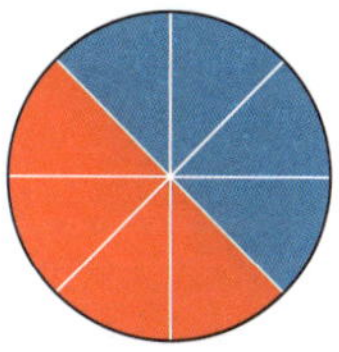

…, dass Blau gewinnt,

Seite 39 Aufgabe 3
a) Die Chance, dass Rot gewinnt, ist …
b) …

e) Besprich deine Ergebnisse mit einem anderen Kind.

→ AH Seite 64

Die Gewinnchancen von Losen bewerten

1 In einem Säckchen sind drei Lose mit einem Gewinn (G) und ein Los mit einer Niete (N). Entscheide, ob deine Lose so aussehen können, wenn du mit geschlossenen Augen drei Lose herausnehmen darfst.

Seite 40 Aufgabe 1
...

A: Alle Lose sind ein Gewinn.

B: Ein Los ist eine Niete, zwei Lose sind ein Gewinn.

C: Alle Lose sind Nieten.

D: Ein Los ist ein Gewinn, zwei Lose sind Nieten.

2 Hier sind noch weitere Säckchen mit Losen.
Es gibt Lose mit einem Gewinn (G) und Lose mit einer Niete (N).

A

B

C
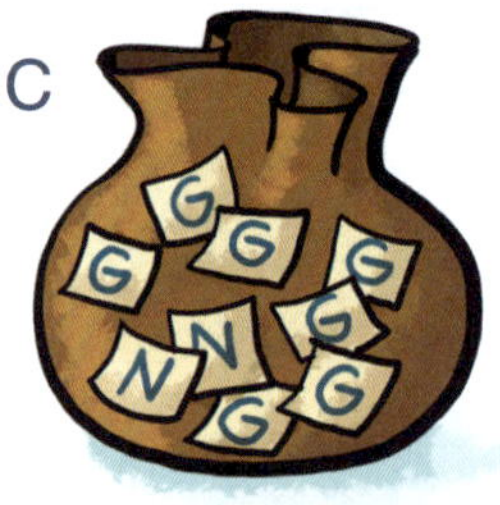

a) Bei welchem Säckchen ist die Wahrscheinlichkeit am größten, ein Los mit einem Gewinn zu ziehen?

b) Bei welchem Säckchen ist die Wahrscheinlichkeit am kleinsten, ein Los mit einem Gewinn zu ziehen?

Seite 40 Aufgabe 2
a) ...

c) Stelle selbst ein Säckchen zusammen, bei dem die Wahrscheinlichkeit, ein Los mit einem Gewinn oder ein Los mit einer Niete zu ziehen, gleich groß ist.

d) Stelle selbst ein Säckchen zusammen, bei dem es sicher ist, einen Gewinn zu ziehen.

3 Schreibe auf, bei welchem Losstand du Lose kaufen würdest. Begründe deine Entscheidung. Tausche dich mit einem anderen Kind aus.

Seite 40 Aufgabe 3
... Begründung: ...

Losstand	Nieten	Lose insgesamt
A	40	80
B	50	80
C	50	70

* schätzen zu einfachen Zufallsexperimenten Gewinnchancen ein, vergleichen die Ergebnisse und überprüfen handelnd ihre Vorhersagen
* variieren die Bedingungen für einfache Zufallsexperimente systematisch

→ Ü Seite 56